니팅 스튜디오 丹珠, 이해옥의 디자인 손뜨개

design DIY 02

고마워, 손뜨개

처음 만나는 디자인 니트, 스웨터 & 카디건

design house

차례

패션 공부를 시작하면서부터 관심을 가진 분야가 니트웨어였다. 밥 한 끼 풍족하게 사먹기도 빠듯했던 유학 시절, 남편을 졸라 수편기를 사서 대학 졸업 작품을 만들기도 했다. 하지만 기계로 뜬 옷은 내 머리에 그려지는 옷의 형상을 구현하는 데 한계가 있었다. 손뜨개란 단순한 실의 조합이 아니라 좋은 소재, 상상력 그리고 정성의 조합이어야 한다고 생각했기 때문이다. 아끼는 이들을 위한 손뜨개라면 여기에 '사랑'이라는 단어까지 더해지는 것이 맞다고 생각했다.

손뜨개의 정의를 사전에서 찾아보면 "손으로 뜨는 일" 또는 "뜨개질하여 만든 옷"이라는 단순 명료한 말로 정리되어 있다. 드라마의 과장 섞인 표현처럼 "이태리 장인이 한 코 한 코 떠서" 명품이 된 뜨개 옷도 뜨개이고, 시골 장터의 뜨개방에서 산 소박한 실에 정성을 담아 만든 촌부의 목도리도 뜨개이다.

'단주'를 창업하며 내 마음에 떠오른 단주의 모토는 "이 세상에 하나밖에 없는 진정한 명품을 내 손으로!"였다. 뜨는 즐거움에만 머무는 어려운 테크닉 위주의 촌스러운 손뜨개 옷이 아니라 만드는 즐거움에 입는 즐거움까지 더한 디자인 지향적인 패셔너블한 손뜨개 작품을 만들자는 것이었다. 복잡한 기법을 사용하기보다 고급 소재와 단순하면서도 세련된 디자인으로 국내외 유명 디자이너 브랜드와 견주어도 손색이 없을 만큼 멋진 옷을 내 손으로 직접 만들고 싶었다.

흔히 손뜨개 하면 떠올리는 틀에 박힌 촌스러운 이미지의 옷이 아니라, 정말로 이 세상에 하나밖에 없는 진정한 명품을 내 손으로 직접 만드는 즐거움을 독자들과 더불어 누리고 싶었다. 무엇보다 독자들이 내가 만든 옷을 입는 즐거움을 느끼며 손뜨개의 진정한 매력을 깨닫게 하고 싶었기 때문에 이 책을 만들게 되었다.

나는 많은 이들에게 손뜨개를 가르치며 마음 다스리기와 뜨개질이 밀접한 상관관계가 있다는 사실을 자연스럽게 터득했다. 반복적인 몸놀림을 하다 보면 어느새 무념무상의 경지에 도달하게 해주는 뜨개질이 불안감의 해소, 일상의 어려움으로부터의 해방 같은 치료 효과가 있다는 사실은 이미 다양한 학술적 연구로 입증된 바 있다. 수많은 할리우드 스타들이 피로와 스트레스에서 벗어나 마음의 평안을 누리기 위해, 또한 자신의 사랑을 타인에게 전하기 위해 뜨개질을 하고 있다.

이렇게 뜨개질은 단순히 옷을 만들어내는 행위가 아니다. 타인에 대한 사랑의 표현이자 자신을 위로하는 수단인 것이다. 독자 여러분도 나처럼 마음에 높은 파도가 일렁거릴 때, 자신의 마음을 차분하게 가라앉히고 행복한 충만감을 선사하는 마술 같은 명상 뜨개질의 즐거움을 누리길 원한다. 이것이 바로 내가 책을 만들게 된 두 번째 이유이다.

흔히 사람들은 성공은 '운칠기삼(運七技三)'이라고 농담처럼 말하곤 한다. 하지만 나는 손뜨개는 '정칠기삼(情七技三)'이라고 생각한다. 누군가를 위한 손뜨개 선물을 한다는 것은 사랑하는 이에 대한 그리움과 정을 듬뿍 담아 실로 칭칭 동여매는 것과 같다. 이 얼마나 근사한 일인가?

내 손으로 만든 손뜨개 디자인과 단순한 기법들이 독자들의 손을 통해 또 다른 근사한 명품으로 거듭나고, 이를 통해 독자들이 사랑하는 이와 따뜻한 마음을 나누고 일상의 소박한 행복을 찾아가는 데 도움이 되었으면 좋겠다.

독자들의 심신 안정을 위해 단주지기들과 단주 니트 카페의 많은 모람님들께서 그들의 가정과 심신의 안정을 기꺼이 포기해 가며 책 준비를 도왔다. 책을 기획했던 첫날부터 내 머릿속을 둥둥 떠다니는 다양한 디자인과 기획을 구체화시켜 주고 내게 유쾌한 에너지를 보태며 한결같은 단주 사랑을 보여주는 그들에게 무한히 감사한다. 그들의 건강한 일상, 지혜로운 조언, 야무진 솜씨, 세련된 눈썰미, 부지런한 손놀림과 즐거운 수다 그리고 따뜻한 응원과 적극적인 도움이 없었다면 이 책은 절대 세상에 나올 수 없었을 것이다.

그리고 그 누구보다 나에게 행복한 삶과 안정된 가정을 허락해주었고, 새로운 도전이 일상의 안주보다 귀한 것임을 깨닫게 해준 사랑하는 가족들께 감사한다. 부족한 아내이자 바쁜 엄마에게 큰 투정 없이 힘을 보태고 물심양면으로 지원해준 단주의 가장 큰 후원자이자 남편인 김태정 태시스템 대표, 아들 진현, 마음으로 맺은 인연 다원, 특별한 재능과 더불어 행복해지기 쉬운 단순한 유전자를 물려주시고, 나와 다른 이를 온전히 사랑할 줄 아는 밝은 사람으로 귀하게 길러주신 존경하는 부모님, 그들 앞에 이 책을 선보일 수 있어 참으로 행복하다.

누군가 "행복한 사람은 시계를 보지 않는다"고 했다.
뜨개질에 몰입하면 시계를 볼 일이 없다.

소격동 작업실 실타래 앞에서 芝寅 이해옥

팬시 칼라 베스트 Fancy Collared Vest

자칫 평범할 수 있는 기본형 조끼 디자인에 독특한 장식실로 만든 깃과 방울 끈을 달아
귀엽고 여성스러운 분위기를 더한 작품이다.

난이도 : ●○○○○
주요 기법 : 깃 코줍기, 방울 만들기, 짧은뜨기 1코 늘리기 · 줄이기
실 소요량 : 알파카 혼방 트위드실 회청색 200g(4타래), 방울장식실 연갈색, 고리장식실 검정 하양 복합색 50g(1타래)씩
바늘 : 4.5 & 5 & 5.5 & 6mm, 코바늘 3.5mm(6/0)
게이지 : 18코 24단
완성 치수 : 가슴둘레 96cm, 길이 50cm

TIP

1. 밑단이 덜 말리도록 4.5mm 바늘로 코를 만들고 다음 단(2단)을 겉뜨기해 바깥 면에 안뜨기단 하나를 만든다.
   3단부터 5mm 바늘로 바꾸고 겉뜨기단과 안뜨기단을 반복해 겉뜨기편으로 몸판을 만든다.
2. 앞단과 팔둘레단 역시 말리지 않도록 가장자리로부터 첫 코는 걸러 뜨고 3번째 코만 이랑뜨기로 한다.
   깃도 가장자리로부터 첫 코는 걸러뜨고 3번째 코만 앞단처럼 이랑뜨기로 해 덜 말리게 만든다.

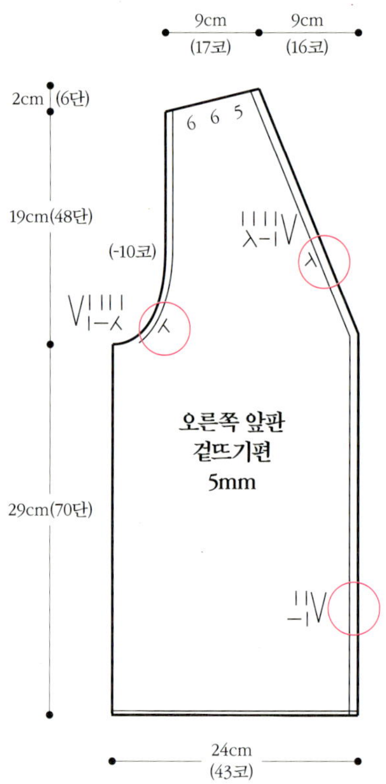
9cm
(17코)
9cm
(16코)
2cm (6단)
19cm(48단)
29cm(70단)
6 6 5
(-10코)
오른쪽 앞판
겉뜨기편
5mm
24cm
(43코)

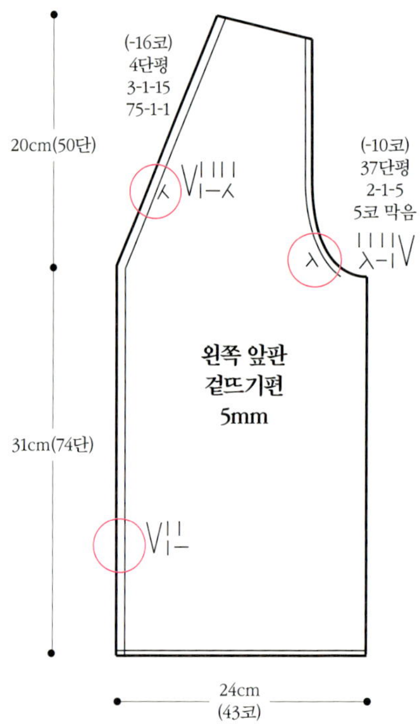
(-16코)
4단평
3-1-15
75-1-1
20cm(50단)
31cm(74단)
(-10코)
37단평
2-1-5
5코 막음
왼쪽 앞판
겉뜨기편
5mm
24cm
(43코)

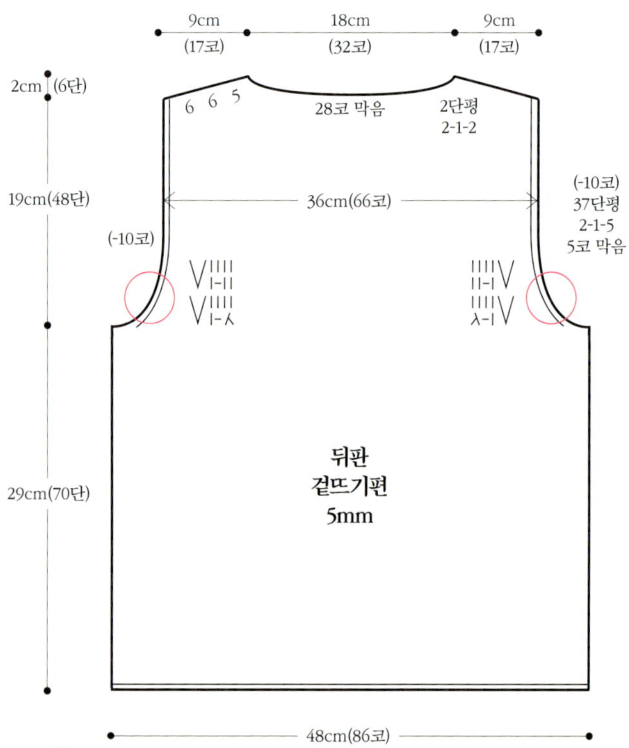
9cm
(17코)
18cm
(32코)
9cm
(17코)
2cm (6단)
19cm(48단)
29cm(70단)
6 6 5
28코 막음
2단평
2-1-2
36cm(66코)
(-10코)
(-10코)
37단평
2-1-5
5코 막음
뒤판
겉뜨기편
5mm
48cm(86코)

깃 만들기(안뜨기편, 5mm)

2가지 장식실을 합사해 몸판의 안쪽 면을 바라보고 총 82코를 주운 후, 바로 겉뜨기단부터 시작하면서 안뜨기편으로 20단을 뜬다. 5mm(6단) 5.5mm(8단) 6mm(이랑뜨기 4단) 순서로 바늘을 바꿔주어 깃이 편안하게 젖혀지도록 만든다. 깃 너비가 12cm 정도 될 때까지 뜬 후 느슨하게 코를 막는다.

방울 만들기(코바늘 3.5mm, 지름 4cm)

1. 아래의 도안대로 2가지 장식실을 합사해 방울을 만든다.
2. 자투리 실을 채워 방울 모양을 만든 다음, 왼쪽은 30코, 오른쪽은 40코 사슬뜨기를 한 후 짧은뜨기로 1단을 떠서 길이 18cm, 23cm인 여밈 끈을 2개 만든다.
3. 방울 달린 끈을 앞단과 목선 경계 지점에 연결한다.

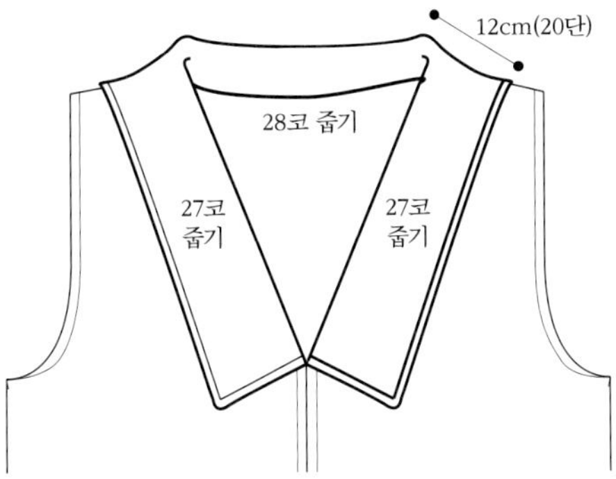

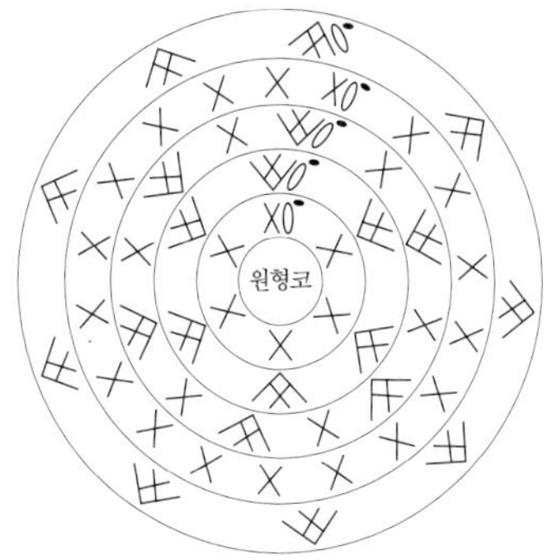

짧은뜨기 1코 늘리기

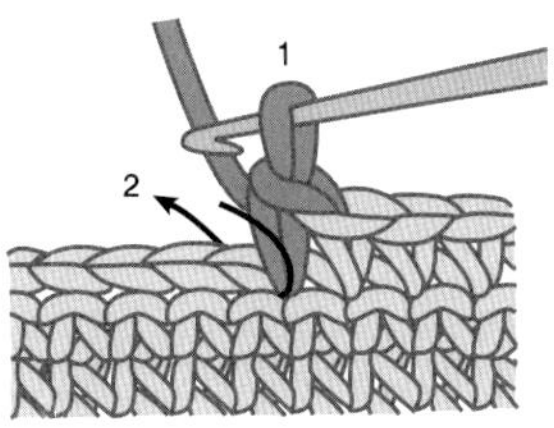

1. 짧은뜨기를 한 코에 다시 화살표 방향으로 바늘을 넣어 실을 감아 뺀다.

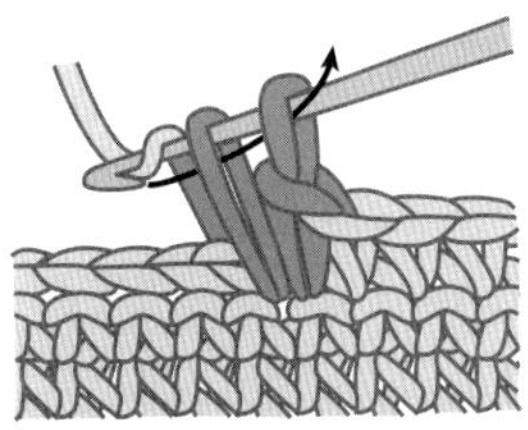

2. 바늘에 실을 한 번 감아 바늘에 걸쳐 있는 고리 2개 사이로 한번에 빼낸다.

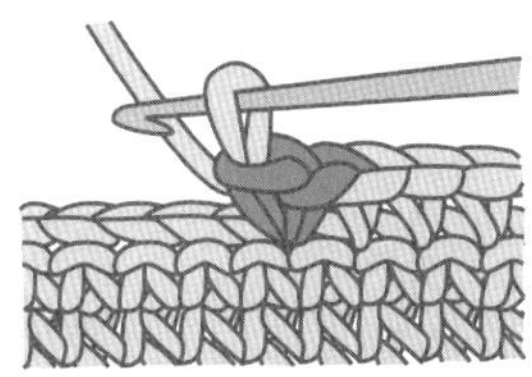

3. 하나의 짧은뜨기에서 2코를 만들어 1코가 늘어난 모양.

짧은뜨기 1코 줄이기

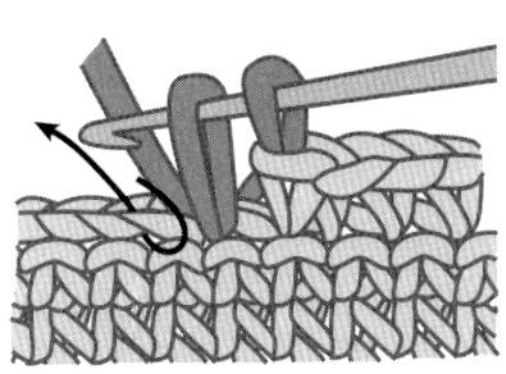

1. 이전 단의 짧은뜨기 2코 중 첫 번째 코에서 실을 감아 빼는 짧은뜨기의 중간 과정까지만 하고, 2번째 코에 화살표 방향으로 넣어 바늘로 실을 감아 뺀다.

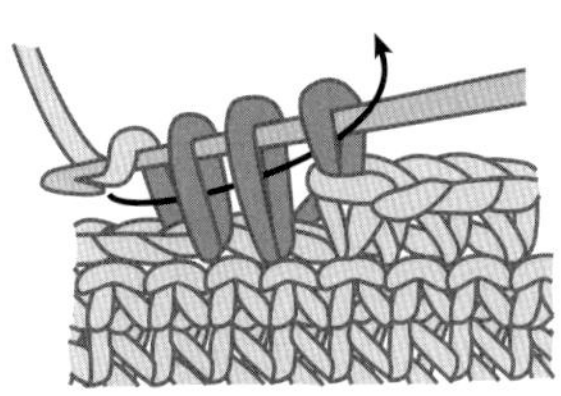

2. 바늘에 실을 한 번 감아 화살표 방향대로 바늘에 걸쳐 있는 고리 3개 사이로 한번에 빼낸다.

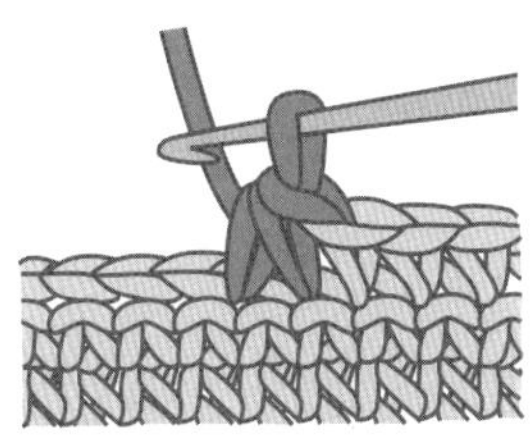

3. 짧은뜨기 2코를 1코로 만들어 1코가 줄어든 모양.

배색 장식 롱 베스트 Long Coloring Vest

컬러풀하고 질감이 독특한 다양한 실을 조합해 마치 도화지에 색칠하듯
화려하면서도 세련된 느낌을 연출한 심플한 실루엣의 롱 베스트이다.

난이도 : ●○○○○
주요 기법 : 실 배색하기, 단춧구멍 만들기
실 소요량 : 알파카실 진회색 200g(4타래), 연회색 150g(3타래), 각종 특수 장식실
바늘 : 3.5 & 4mm
게이지 : 22코 34단
완성 치수 : 가슴둘레 90cm, 길이 80cm
부속 재료 : 단추(2.8cm) 2개

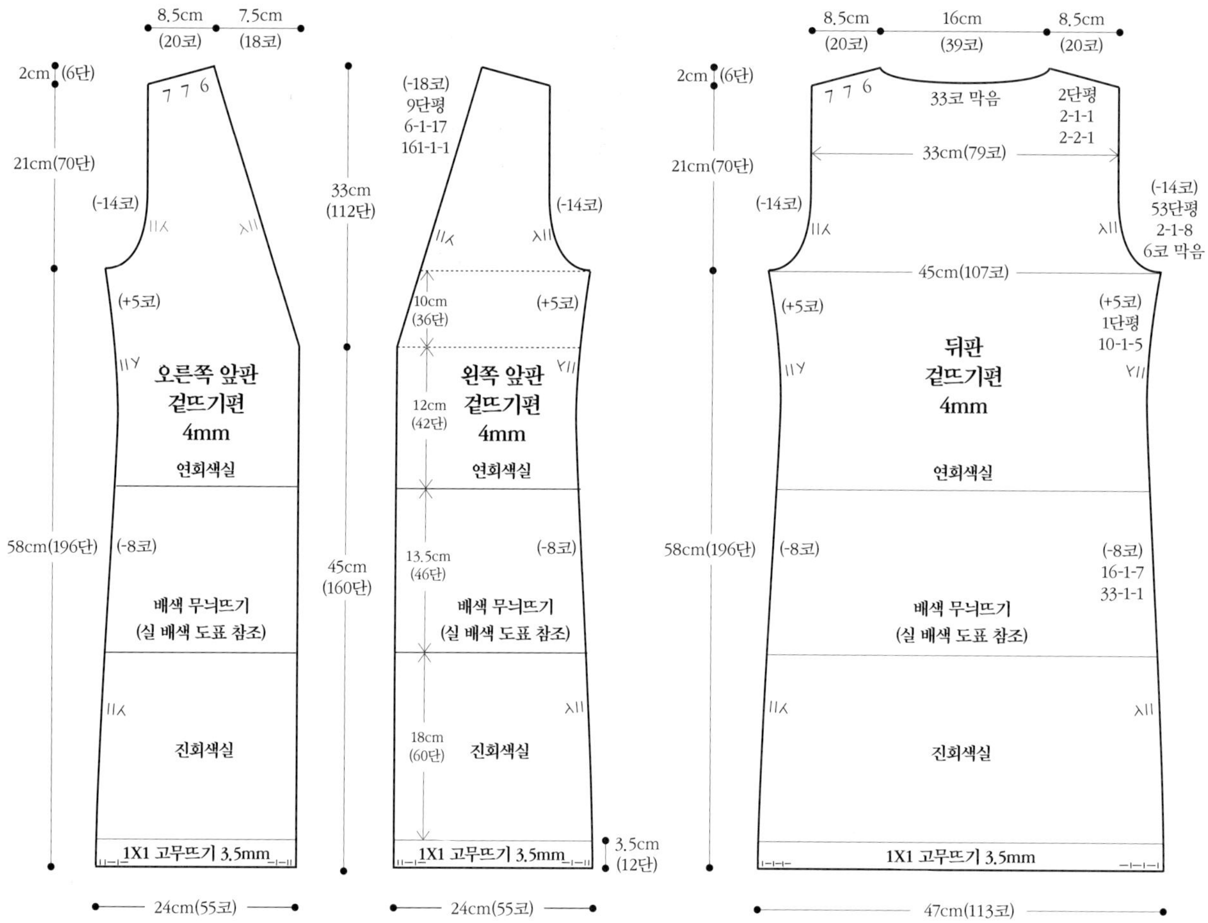

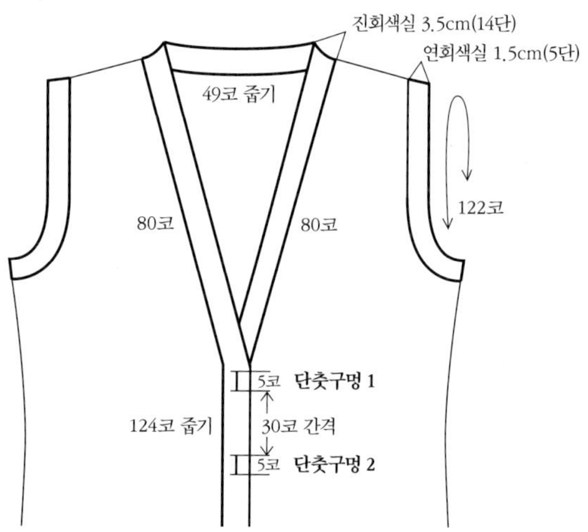

앞단 만들기(1X1 고무뜨기, 3.5mm)

진회색실로 양쪽 앞단에서 각각 124코씩,
양쪽 앞 목선에서 각각 80코씩,
뒤 목선에서 49코를 주워총 457코를 만든 다음,
12단을 1X1 고무뜨기로 뜬 후 코를 막는다.
앞단 6번째 단에 미리 표시한 두 군데 위치에서 5코를
막은 다음, 7번째 단에서 5코를 새로 만들어
단춧구멍 2개를 만든다.

팔둘레단 만들기(1X1 고무뜨기, 3.5mm)

연회색실로 122코를 주워 3단 고무뜨기를 한 후,
코를 막는다.

실 배색 도표

이 이후 모두 A겉뜨기편
2단 F - ☆
2단 A - ☆
1단 I - 바깥 면에 안뜨기 1단
3단 A - ☆
1단 H - ☆
3단 D - ☆
4단 E - ☆
2단 D - ☆
3단 A - ☆
1단 F - 바깥 면에 안뜨기 1단
2단 B - ☆
2단 E - ☆
3단C - ☆
3단 A - ☆
2단 I - ☆
3단 A - ☆
1단 H - 바깥 면에 안뜨기 1단
3단 G - 안뜨기편
4단 B - ☆
1단 F - 바깥 면에 안뜨기 1단
17단 B - ☆
8단 B - 고무뜨기 밑단

☆ 표시는 겉뜨기편임

배색 장식 롱 베스트에 사용한 색상 :

A. 알파카실 연회색 200g(4타래)
B. 알파카실 진회색 150g(3타래)
C. 캐시미어 혼방실 연두색 50g(1타래)
D. 양모실 파란색 50g(1타래)
E. 매듭 장식실 주황색 50g(1타래)
F. 깃털 장식실 자주색 50g(1타래)
G. 나일론실 황금색 50g(1타래)
H. 방울 장식실 빨간색 40g(1타래)
I. 부클레실 검은색 30g(1타래)

드레이프 실키 베스트 Draped Silky Vest

실크와 양모 혼방사의 특성을 잘 살려 옷 앞부분에 자연스럽게 주름이 흘러내리도록 한 것이 디자인 포인트인 조끼이다. 옷을 입는 방법에 따라 다양한 스타일로 연출할 수 있다.

난이도 : ●○○○○
주요 기법 : 7코 앞단 무늬 만들기
실 소요량 : 실크 혼방실 겨자색 300g(6타래)
바늘 : 4.5mm
게이지 : 19코 26단
완성 치수 : 가슴둘레 90cm, 길이 55cm

TIP

1. 앞단 7코 무늬뜨기는 처음부터 마지막 단까지 가장자리 코는 걸러 뜨고,
   6코는 1X1 고무뜨기로 하며 몸판과 분리하지 않고, 동시에 떠 나간다.
2. 팔 둘레는 말리지 않도록 가장자리부터 첫 번째 코는 걸러 뜨고 3번째 코만 이랑뜨기로 한다.

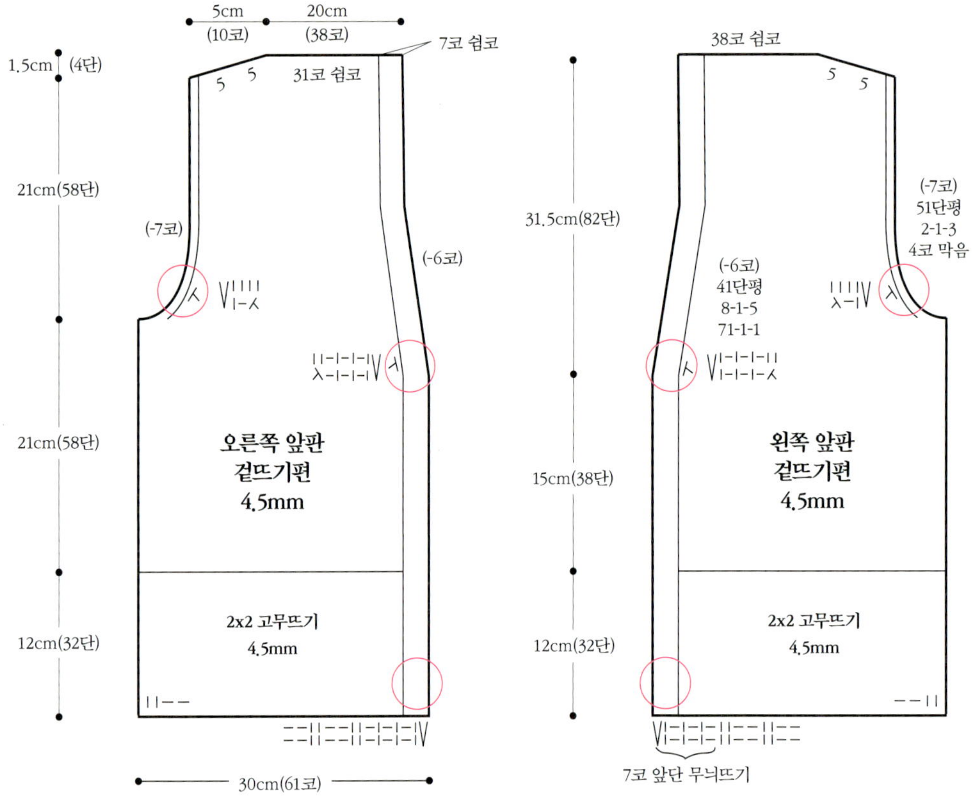

깃 만들기(2x2 고무뜨기, 4.5mm)

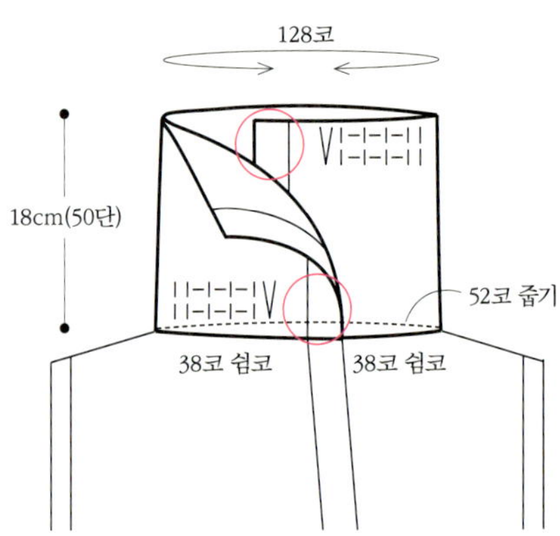

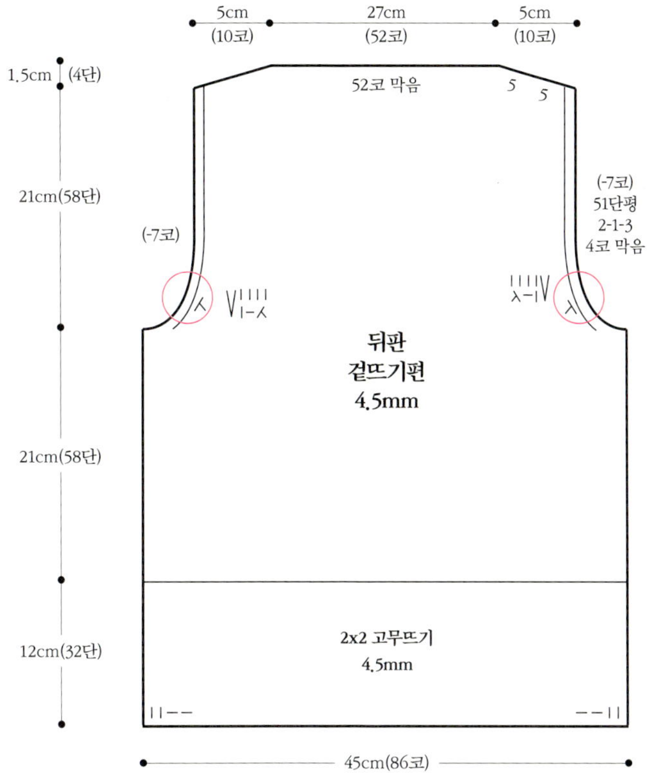

5cm
(10코)
27cm
(52코)
5cm
(10코)
1.5cm
(4단)
52코 막음
5
5
21cm(58단)
(-7코)
(-7코)
51단평
2-1-3
4코 막음
뒤판
겉뜨기편
4.5mm
21cm(58단)
2x2 고무뜨기
4.5mm
12cm(32단)
45cm(86코)

오프 숄더 풀오버 Off Shoulder Pullover

쇄골 뼈가 드러날 정도로 옆으로 넓게 파인 네크라인이 돋보이는 긴 풀오버이다.

난이도 : ●○○○○
주요 기법 : 터틀넥 착용감 편하게 만들기
실 소요량 : 실크 혼방실 꽃분홍색 600g(12타래)
바늘 : 4 & 4.5 & 5mm
게이지 : 17코 22단
완성 치수 : 가슴둘레 86cm, 길이 62cm

TIP

터틀넥 착용감을 좋게 하려면 몸판에 사용한 바늘보다 한 치수 가는 바늘로 코를 주운 다음,
전체 깃 길이를 삼등분해 첫 부분은 코줍기를 한 바늘로 뜨고, 두 번째 부분은 그것보다 한 치수 더 가는 바늘로 뜬다.
그리고 마지막 부분은 몸판에 사용한 바늘보다 한 치수 가는 바늘(코를 주운 바늘)로 마무리한다.

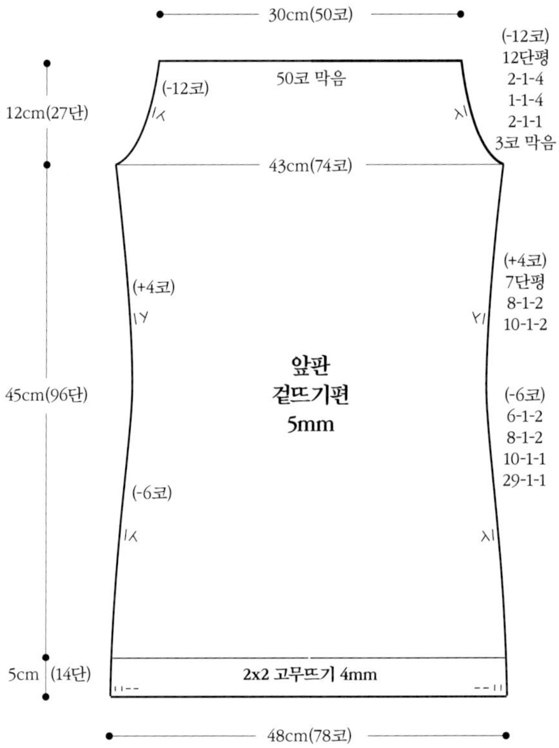
30cm(50코)
(-12코)
12단평
2-1-4
1-1-4
2-1-1
3코 막음
50코 막음
(-12코)
12cm(27단)
43cm(74코)
(+4코)
7단평
8-1-2
10-1-2
(+4코)
45cm(96단)
앞판
겉뜨기편
5mm
(-6코)
6-1-2
8-1-2
10-1-1
29-1-1
(-6코)
5cm (14단)
2x2 고무뜨기 4mm
48cm(78코)

깃 만들기

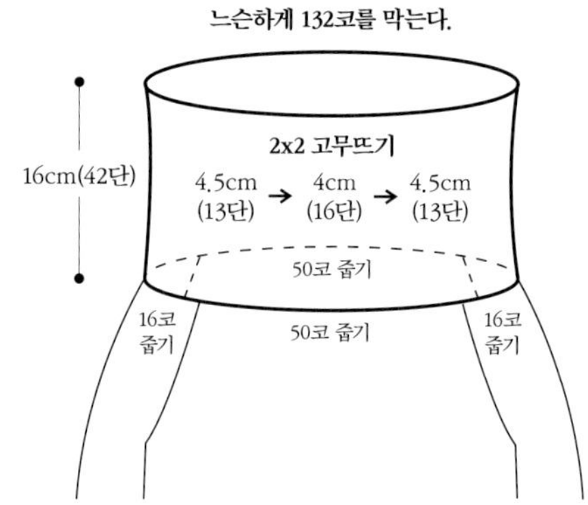
느슨하게 132코를 막는다.
16cm(42단)
2x2 고무뜨기
4.5cm (13단) → 4cm (16단) → 4.5cm (13단)
50코 줍기
16코 줍기
50코 줍기
16코 줍기

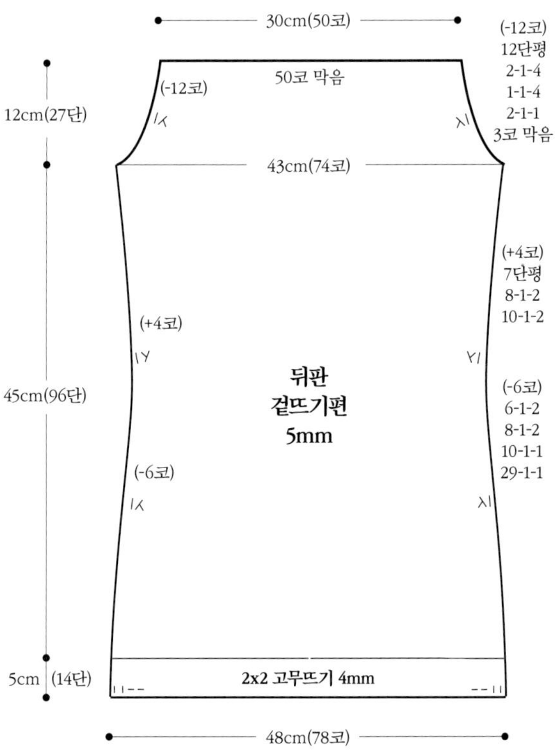
30cm(50코)
(-12코)
12단평
2-1-4
1-1-4
2-1-1
3코 막음
50코 막음
(-12코)
12cm(27단)
43cm(74코)
(+4코)
7단평
8-1-2
10-1-2
(+4코)
45cm(96단)
뒤판
겉뜨기편
5mm
(-6코)
6-1-2
8-1-2
10-1-1
29-1-1
(-6코)
5cm (14단)
2x2 고무뜨기 4mm
48cm(78코)

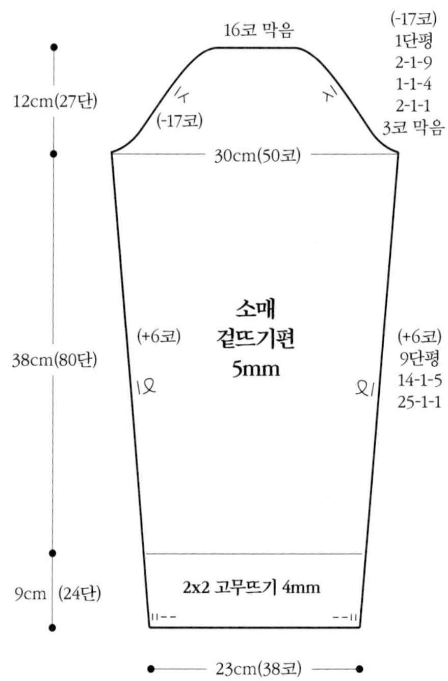
16코 막음
(-17코)
1단평
2-1-9
1-1-4
2-1-1
3코 막음
12cm(27단)
(-17코)
30cm(50코)
38cm(80단)
(+6코)
소매
겉뜨기편
5mm
(+6코)
9단평
14-1-5
25-1-1
9cm (24단)
2x2 고무뜨기 4mm
23cm(38코)

목둘레에서 코줍기

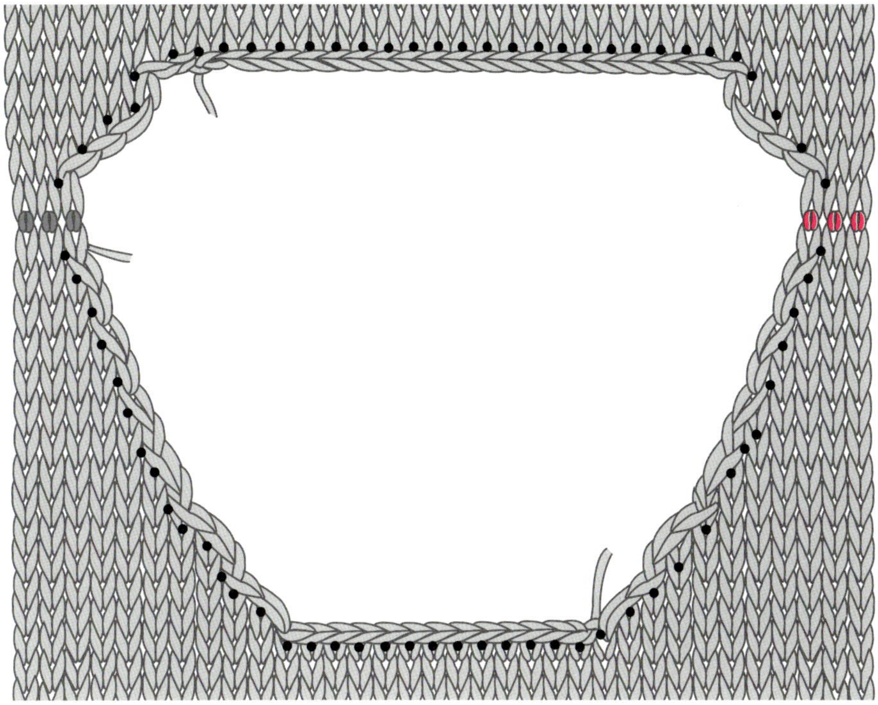

1. 몸판보다 0.5~1mm 가는 대바늘로 앞뒤판의 바깥 면을 바라보고, 앞판 왼쪽 어깨이음 지점부터 코줍기를 시작한다.

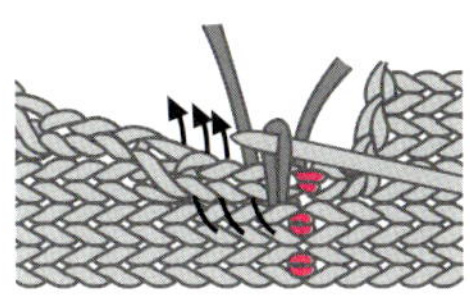

2. 세로단에서는 일반적으로 4단에서 3코씩 온코로 코를 줍는다.

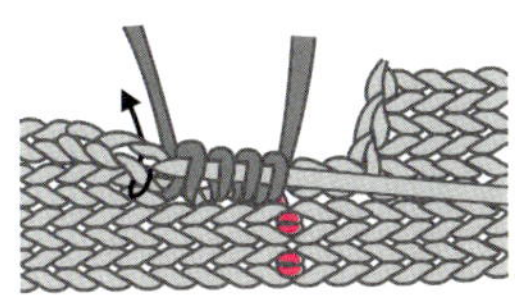

3. 곡선이나 사선의 모든 코줄임 지점에서 반드시 코를 줍는다. 이 때, 온코 줍기와 반코 엇갈려 줍기를 조합해 부드러운 곡선을 만든다.

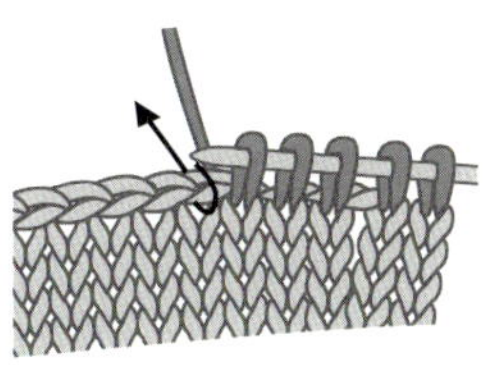

4. 가로단에서는 1:1의 비율로 1코에서 1코씩 줍는다.

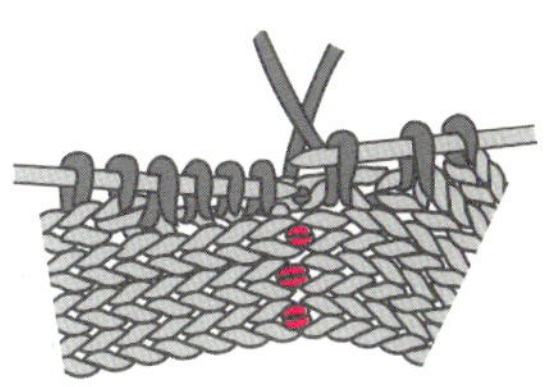

5. 좌우 곡선의 콧수가 같도록 조절하면서 목둘레를 따라 코줍기를 마친다.

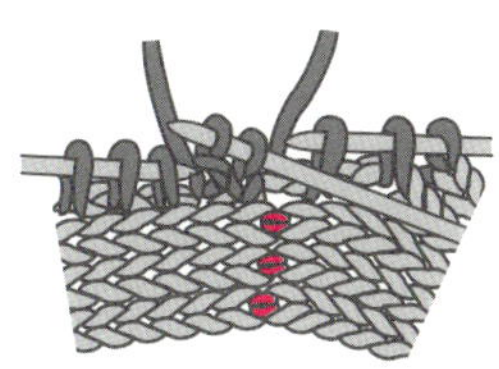

6. 바깥 면을 바라보고 둥글게뜨기로 목둘레단 무늬뜨기 2단을 만든다.

비대칭 카디건 Reversed Unbalance Cardigan

되돌아뜨기 기법을 이용해 양쪽 앞단의 길이를 다르게 한 비대칭 디자인으로 여밈 방법에 따라 다양한 느낌으로 연출할 수 있다. 화사한 복합색실과 차분한 단색실을 한 가닥씩 합해 오묘한 색감을 만들어냈다.

난이도 : ●○○○○
주요 기법 : 되돌아뜨기
실 소요량 : 모혼방실 회갈색 300g(6타래), 모혼방실 분홍 파랑 복합색 250g(5타래)
바늘 : 5 & 5.5mm
게이지 : 15코 23단
완성 치수 : 가슴둘레 95cm, 길이 64cm

TIP

1. 앞단 10코 무늬뜨기는 처음부터 마지막 단까지 가장자리 코는 걸러 뜨고,
   나머지 9코는 1X1 고무뜨기로 몸판과 분리하지 않고 동시에 떠 나간다.
2. 왼쪽 앞판에서 1X1 고무뜨기로 12단을 뜬 후, 13단부터 2단마다 6코씩 7번 되돌아뜨기를 해 밑단을 경사지게 만든다.

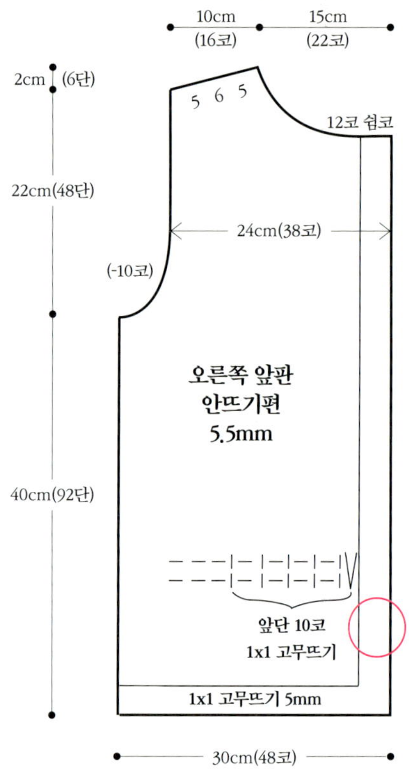
10cm
(16코)
15cm
(22코)
2cm (6단)
22cm(48단)
40cm(92단)
5 6 5
12코 쉼코
24cm(38코)
(-10코)
오른쪽 앞판
안뜨기편
5.5mm
앞단 10코
1x1 고무뜨기
1x1 고무뜨기 5mm
30cm(48코)

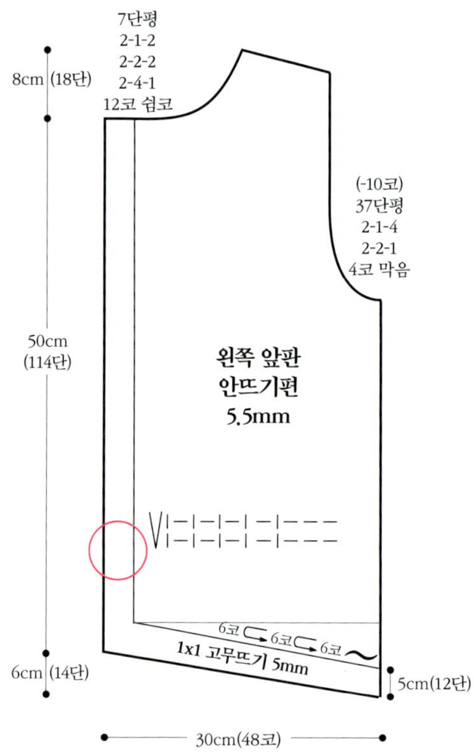
7단평
2-1-2
2-2-2
2-4-1
12코 쉼코
8cm (18단)
50cm
(114단)
6cm (14단)
(-10코)
37단평
2-1-4
2-2-1
4코 막음
왼쪽 앞판
안뜨기편
5.5mm
6코 6코 6코
1x1 고무뜨기 5mm
5cm(12단)
30cm(48코)

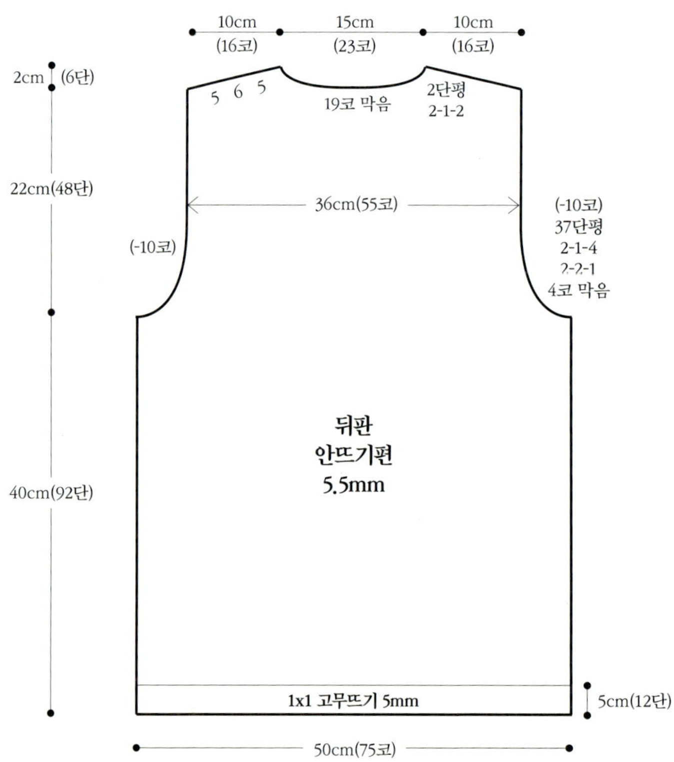
10cm
(16코)
15cm
(23코)
10cm
(16코)
2cm (6단)
22cm(48단)
40cm(92단)
5 6 5
19코 막음
2단평
2-1-2
36cm(55코)
(-10코)
(-10코)
37단평
2-1-4
2-2-1
4코 막음
뒤판
안뜨기편
5.5mm
1x1 고무뜨기 5mm
5cm(12단)
50cm(75코)

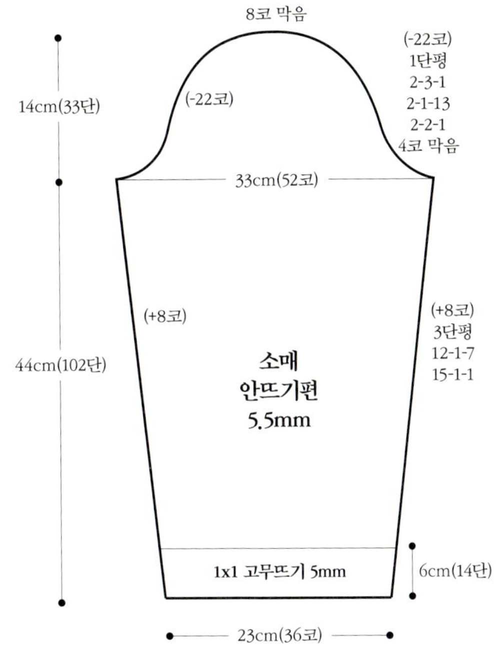

깃 만들기(1x1 고무뜨기, 5mm)

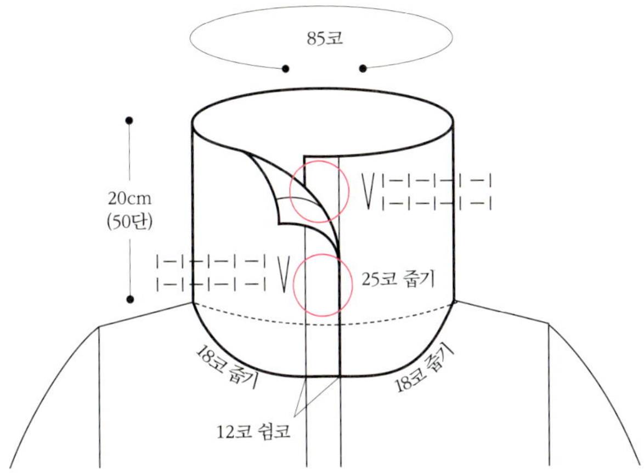

안뜨기편 세로 잇기

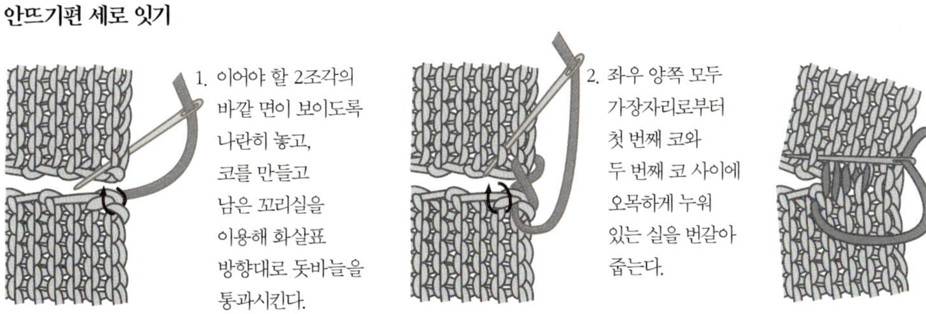

1. 이어야 할 2조각의 바깥 면이 보이도록 나란히 놓고, 코를 만들고 남은 꼬리실을 이용해 화살표 방향대로 돗바늘을 통과시킨다.
2. 좌우 양쪽 모두 가장자리로부터 첫 번째 코와 두 번째 코 사이에 오목하게 누워 있는 실을 번갈아 줍는다.
3. 좌우 1단씩 차례대로 실을 주워가며 2조각을 잇는다.

드레이퍼리 베스트 Loose Drapery Vest

되돌아뜨기 기법으로 앞단 처짐을 주어 상당히 헐렁하고 편안하게 입을 수 있는 조끼로,
드레이퍼리 실루엣을 따라 다르게 움직이는 2색 줄무늬의 흐름이 매우 독특하고 멋스러운 작품이다.

난이도 : ●○○○○
주요 기법 : 되돌아뜨기, 팔 구멍 만들기
실 소요량 : 알파카 혼방실 파란색 450g(9타래), 노란색 200g(4타래)
바늘 : 4.5 & 5.5mm
게이지 : 20코 26단
완성 치수 : 너비 143cm, 길이 48cm

TIP
위 아래 가장자리 코는 걸러 뜨고, 가장자리부터 3번째 코만 이랑뜨기로 해 덜 말리도록 만든다.

팔둘레 마무리하기(이랑뜨기, 4.5mm)

1단 : 1코의 비율로 코를 줍고, 사방 귀퉁이에서 1코씩 꼬아뜨기로 코를 주워 모두 92코를 만든 다음,
1단을 안뜨기로 둥글게 뜨고 다음 단에서 안뜨기를 하면서 바로 코를 막는다.

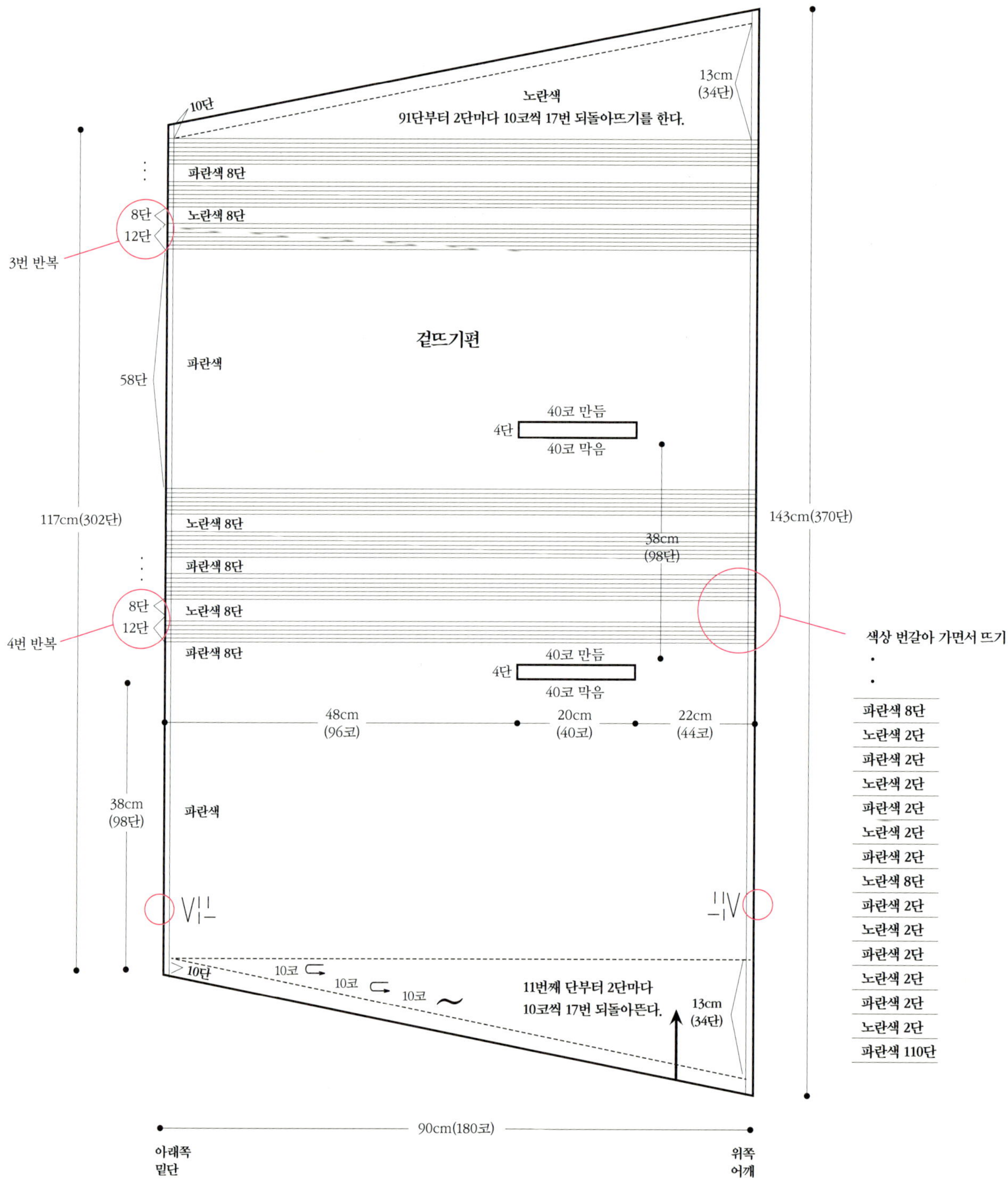

배색실 정리 방법

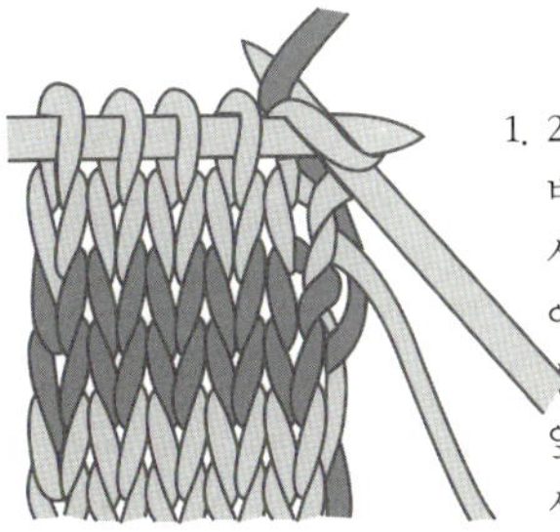

1. 2단씩 좁은 간격으로 색상을 바꾸어 배색할 때는 기존에 사용한 실은 아래로 내려놓고 아래쪽에 놓여 있던 새로운 실을 끌고 올라와 뜬다. 이때, 옆선이 오그라질 정도로 실을 세게 잡아당기지 않도록 주의한다.

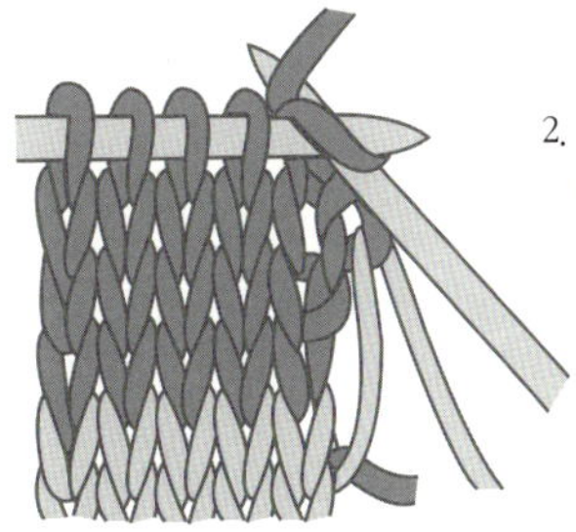

2. 4단 이상으로 넓게 배색할 때에는 뜨는 실과 아래에 내린 다른 실을 그림과 같이 2단마다 꼬아주면서 함께 끌고 올라가며 양옆 실들이 늘어지지 않도록 깔끔하게 정리해준다.

여아 기본 카디건 Girl's Basic Cardigan

누구나 하나쯤은 가지고 있을 것 같은 매우 클래식한 디자인의 알파카와 면혼방 스웨터로,
O자형 꽈배기무늬를 넣어 기본형 스웨터의 밋밋함을 보완했다.

난이도 : ●●○○○
주요 기법 : 꽈배기무늬뜨기
실 소요량 : 알파카 혼방실 보라색 200g(4타래)
바늘 : 4 & 4.5mm
게이지 : 18코 28단
완성 치수 : 가슴둘레 72cm, 길이 44cm (6세 여아 기준)
부속 재료 : 단추(1.5cm) 6개

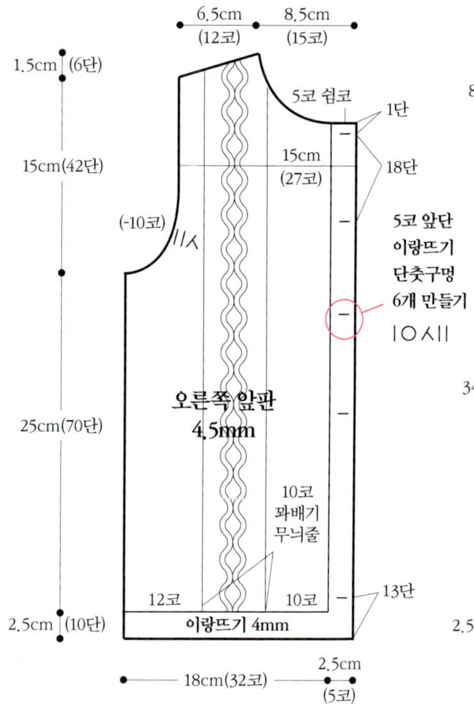

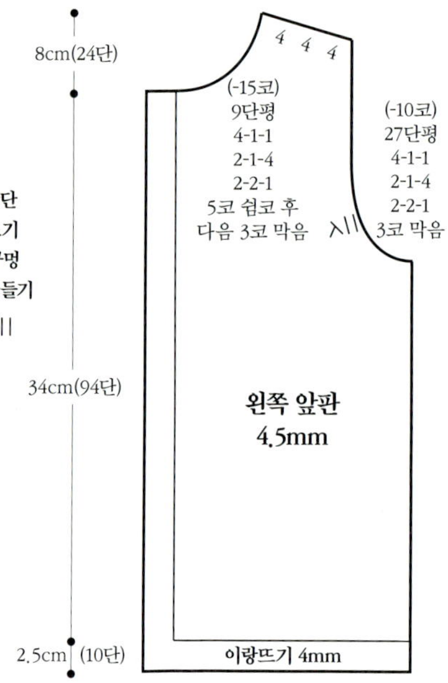

오른쪽 앞판에서 O형 꽈배기무늬뜨기 시작하기

1. 4mm 바늘로 37코를 만들어 9단 이랑뜨기를 한다.
2. 11번째 단에서 4.5mm 바늘로 바꾸어, 2단에 걸쳐 꽈배기 무늬 배치를 위한 기본 틀을 만든다.
   11단 : 5코 겉뜨기(앞단), 10코 겉뜨기, 2코 안뜨기, 6코 겉뜨기, 2코 안뜨기, 12코 겉뜨기
   12단 : 12코 안뜨기, 2코 겉뜨기, 6코 안뜨기, 2코 겉뜨기, 10코 안뜨기, 5코 겉뜨기(앞단)
3. 13단부터 본격적으로 O형 꽈배기무늬뜨기 1단에 해당하는 꽈배기무늬를 뜨기 시작한다.
4. 왼쪽 앞판은 오른쪽 앞판과 대칭이 되도록 무늬를 배치한다.

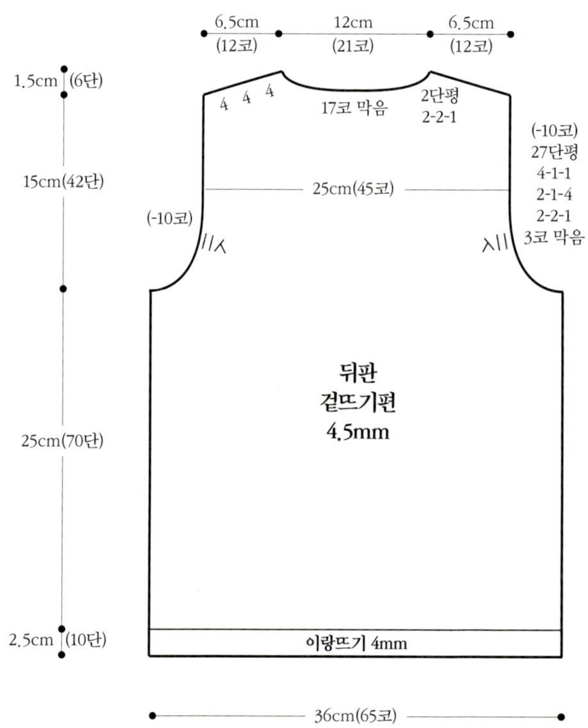

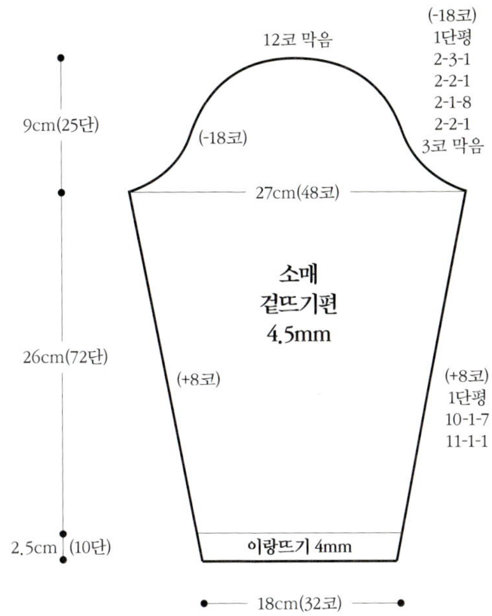

목둘레단 만들기(이랑뜨기, 4mm)

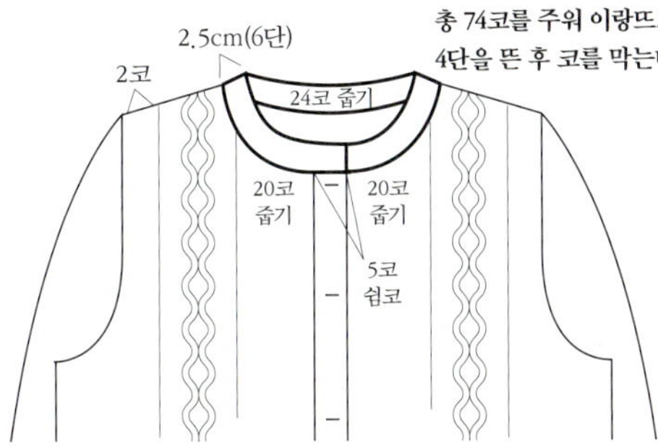

총 74코를 주워 이랑뜨기로 4단을 뜬 후 코를 막는다.

O형 꽈배기무늬뜨기(10코 6단 반복)

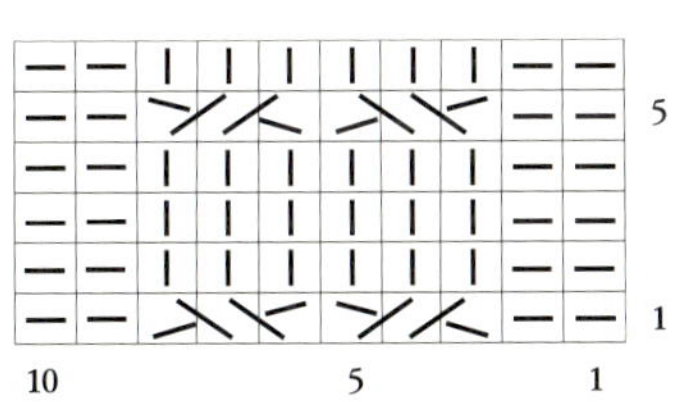

터틀넥 스웨터 카디건 Turtleneck Sweater Cardigan

풍성한 느낌의 터틀넥과 멍석뜨기 조직이 클래식하면서도 소박한 멋을 자아내는 스웨터로,
따뜻하고 고급스러운 느낌을 주는 알파카와 면 혼방실을 사용했다.

난이도 : ●●○○○
주요 기법 : 멍석뜨기, 단춧구멍 만들기
실 소요량 : 알파카 혼방실 상아색 350g(7타래)
바늘 : 5 & 5.5 & 6mm
게이지 : 16코 25단
완성 치수 : 가슴둘레 100cm 길이 58cm
부속 재료 : 단추(2.1cm) 6개

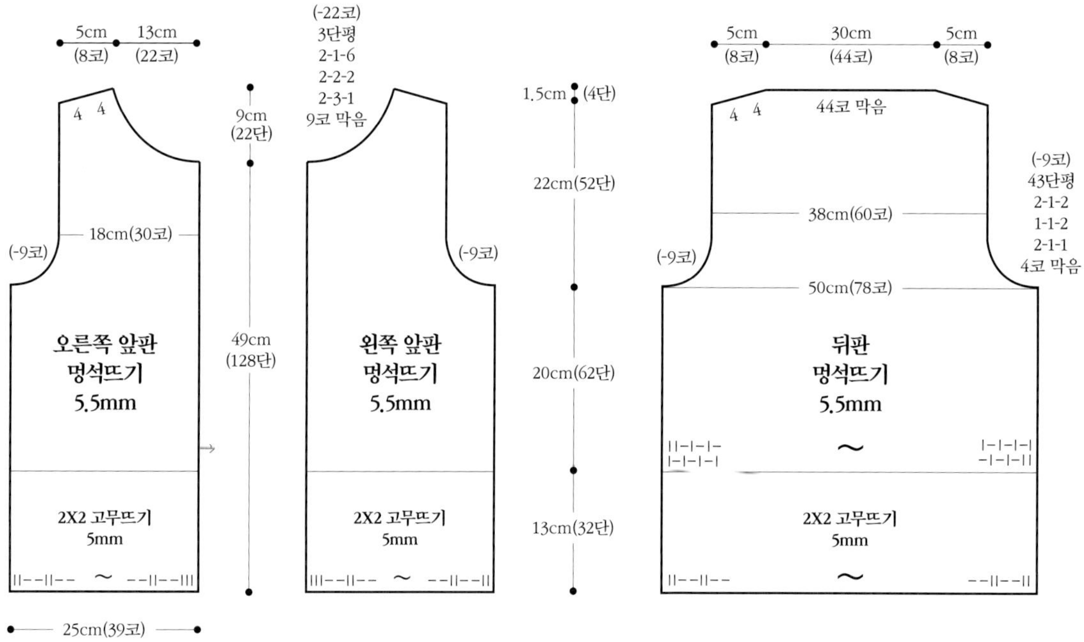
5cm
(8코)
13cm
(22코)
(-22코)
3단평
2-1-6
2-2-2
2-3-1
9코 막음
9cm
(22단)
49cm
(128단)
1.5cm
(4단)
22cm(52단)
20cm(62단)
13cm(32단)
5cm
(8코)
30cm
(44코)
5cm
(8코)
44코 막음
(-9코)
43단평
2-1-2
1-1-2
2-1-1
4코 막음
38cm(60코)
50cm(78코)
18cm(30코)
(-9코)
(-9코)
(-9코)
오른쪽 앞판
멍석뜨기
5.5mm
왼쪽 앞판
멍석뜨기
5.5mm
뒤판
멍석뜨기
5.5mm
2X2 고무뜨기
5mm
2X2 고무뜨기
5mm
2X2 고무뜨기
5mm
25cm(39코)

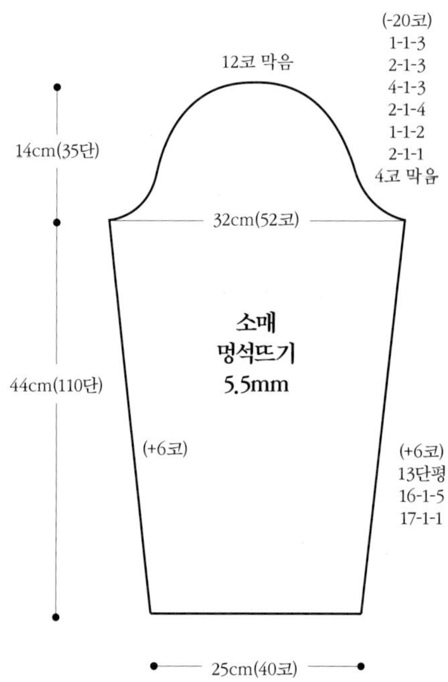
(-20코)
1-1-3
2-1-3
4-1-3
2-1-4
1-1-2
2-1-1
4코 막음
12코 막음
14cm(35단)
32cm(52코)
소매
멍석뜨기
5.5mm
44cm(110단)
(+6코)
(+6코)
13단평
16-1-5
17-1-1
25cm(40코)

깃과 앞단 단춧구멍 만들기(2X2 고무뜨기, 5mm)

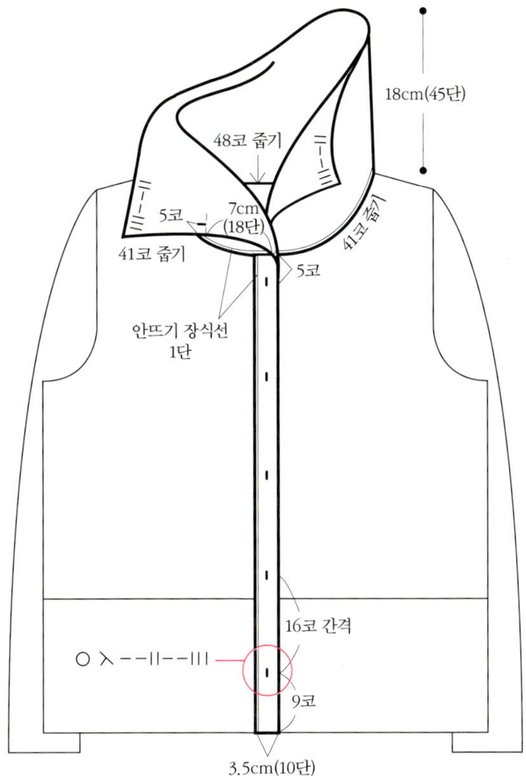

앞단 단춧구멍 만들기(2X2 고무뜨기, 5mm)

1. 오른쪽과 왼쪽 앞단에서 각각 앞판 바깥 면을 바라보고 88코를 줍는다.
2. 2단(안쪽 면)은 모든 코를 겉뜨기해 안뜨기 장식선 1단을 만든다. 이어서 2X2 고무뜨기로 7단을 뜬 후 코를 막는다.
3. 오른쪽 앞단은 4단까지 뜬 후 밑단부터 9코 위 지점에 첫 번째 단춧구멍을 만든다. 16코 간격으로 5개의 1코 단춧구멍을 더 만든다.
4. 왼쪽 앞단에 단추 6개를 단다.

깃 만들기(2X2 고무뜨기, 5mm)

1. 그림과 같이 몸판 바깥 면을 바라보고 총 130코를 줍는다.
2. 다음 단에서 모든 코를 겉뜨기해 안뜨기 장식선 1단을 만든다.
3. 깃 바깥 면 양 가장자리에서 겉뜨기 3코가 되도록 안뜨기 3코로 시작하면서 2X2 고무뜨기로 16단을 뜬 후, 단춧구멍을 만든다.
4. 19단 5코 안쪽에서 작은 세로 단춧구멍(p67 참조)을 만든 다음, 깃의 길이가 18cm가 될 때까지 2X2 고무뜨기를 한다.

심플 롱 베스트 Simple Long Vest

겉뜨기 부분과 안뜨기 부분으로 크게 구획을 나눠 단순하게 디자인한 롱 베스트로
특별한 코줄임 없이 직선형으로 만드는 단순한 디자인이기 때문에 초급자도 비교적 쉽게 만들 수 있다.

난이도 : ●●○○○
주요 기법 : 깃 겹단 만들기와 이중 고무뜨기, 세로 단춧구멍과 주머니 만들기
실 소요량 : 양모 트위드실 검은색 500g(5타래)
바늘 : 4 & 4.5 & 5mm
게이지 : 16코 24단
완성 치수 : 가슴둘레 95cm, 길이 78cm
부속 재료 : 단추(2.5cm) 3개

TIP

1. 겉뜨기편 3코로 만든 앞단과 옆트임단의 가장자리 첫 코는 실을 강하게 잡아당기며 걸러 떠서 덜 말리도록 만든다.
2. 앞뒤판의 4코 팔둘레단을 만들 때, 가장자리 3코는 겉뜨기편으로,
   4번째 코만 안뜨기편으로 만들어 팔둘레가 덜 말리도록 만든다.

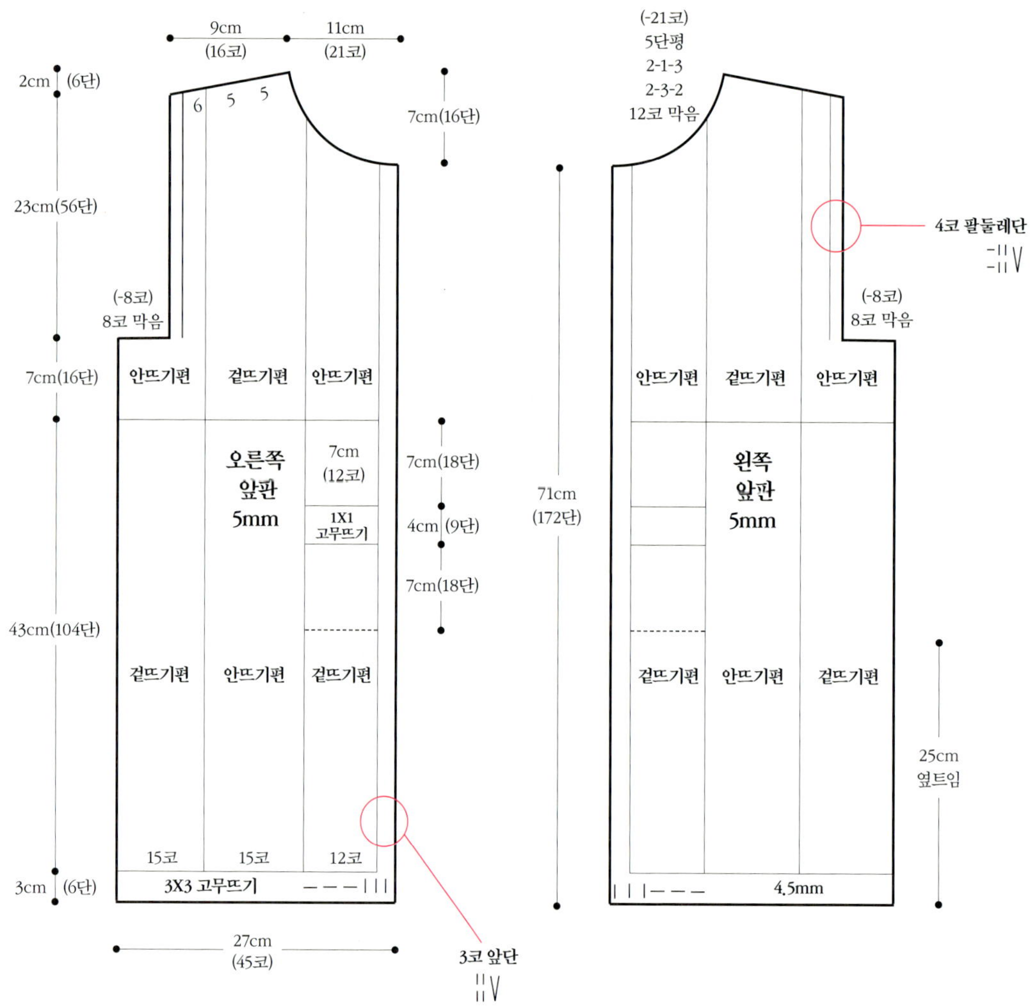

깃과 단춧구멍 만들기

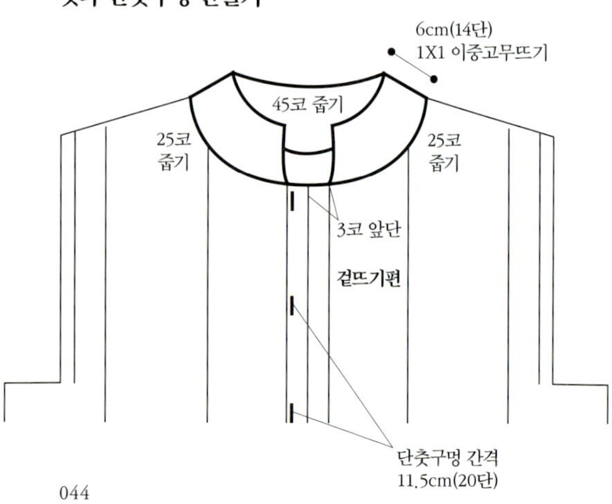

주머니 만들기

1. 앞판이 35cm가 되는 85단부터 시작해 앞단 3코 다음에 위치한 12코를 1X1 고무뜨기로 8단을 뜬 후 코를 막아 주머니 입술을 만든다.
2. 주머니 속을 만들기 위해 앞판이 28cm가 되는 지점에서 안쪽 면을 바라보고 앞단 가장자리로부터 2코 안쪽부터 14코를 주워, 겉뜨기편으로 26단을 뜬 다음 쉼코로 둔다.
3. 몸판과 주머니 속을 연결할 때 몸판 코와 속주머니 가장자리코를 1코씩 겹쳐 떠서 튼튼하게 잇는다.

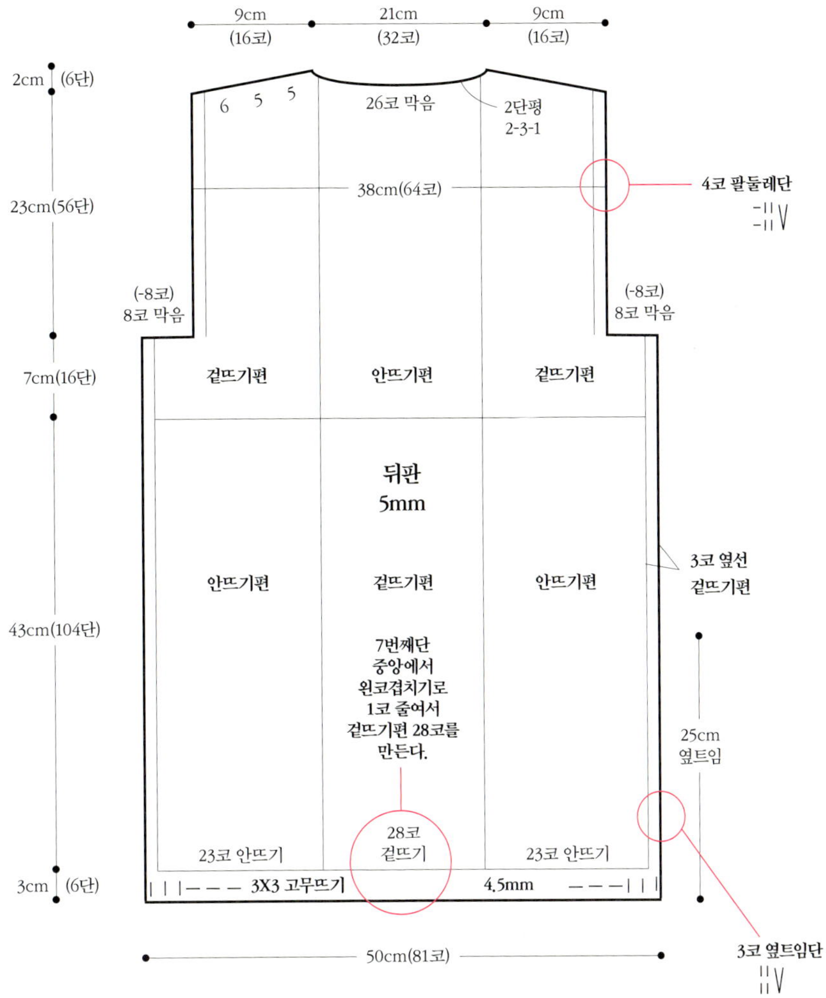

깃 겹단 만들기

1단 : 4.5mm 대바늘 2개를 이용해 3코 앞단을 제외한 앞뒤 목둘레에서 총 95코를 줍는다. 안쪽과 바깥쪽 목둘레선을 따라 둥글게 코를 줍는다(190코).

2단 : 우선 바깥쪽 95코부터 겉뜨기를 하고, 뒤이어 안쪽 면에서 주운 95코를 둥글게 겉뜨기한다.

3단 : 2단과 동일한 방법으로 둥글게 190코를 겉뜨기를 한다.

4단(바깥 면) : 바깥쪽의 95코만 따로 분리해 1단 더 겉뜨기를 한다.

5단(안쪽 면) : 안팎의 코들을 함께 안뜨기로 뜨면서 2겹으로 만든 깃의 밑단을 하나로 합치며 95코를 만든다.

6단(바깥 면) : 4.5mm 바늘로 [겉뜨기 1코, 걸쳐뜨기 1코] 과정을 끝까지 반복하고, 마지막 코를 겉뜨기하면서 이중으로 고무뜨기를 한다.

7단(안쪽 면) : [걸쳐뜨기 1코, 겉뜨기 1코] 과정을 끝까지 반복하고, 마지막 코를 걸쳐뜨기하면서 이중고무뜨기를 한다.

8~13단 : 2단 더 이중고무뜨기를 한 후 바늘을 4mm로 바꿔 4단 더 무늬뜨기를 한다.

14단(바깥 면) : 겉뜨기코와 걸쳐뜨기코를 한꺼번에 겉뜨기하면서 코를 막는다.

재지 탑 Jazzy Top

앞판 전체를 독특한 깃털 장식실로 만들어 독특하고 화려한 느낌을 강조한 스웨터이다.

난이도 : ●●○○○
주요 기법 : 뒷목 둘레 마무리하기
실 소요량 : 메리노 양모실 진회색 240g(6타래), 깃털 장식실 회색 150g(3타래)
바늘 : 3.5 & 4 & 8mm
게이지 : 메리노 양모실 24코 30단, 깃털 장식실 9코 14.5단
완성 치수 : 가슴둘레 86cm, 길이 60cm

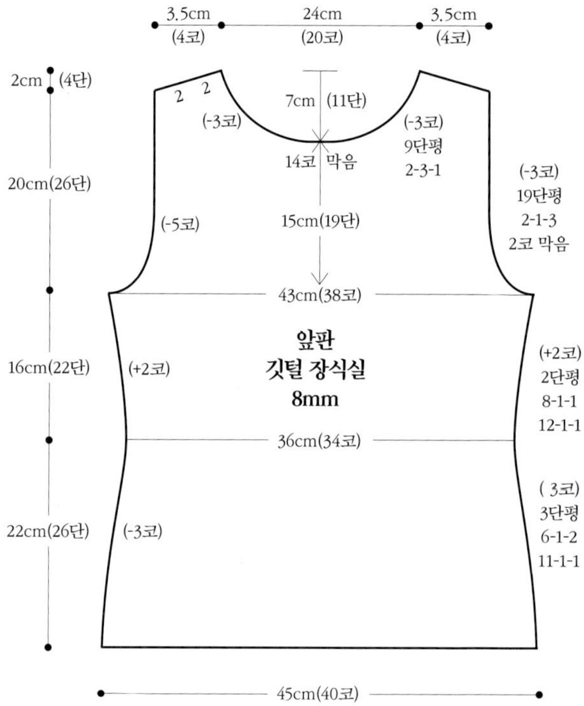

뒷목 둘레 마무리하기

3.5mm 바늘로 54코를 주워,
다음 단에서 안뜨기를 하면서
바로 코를 막는다.

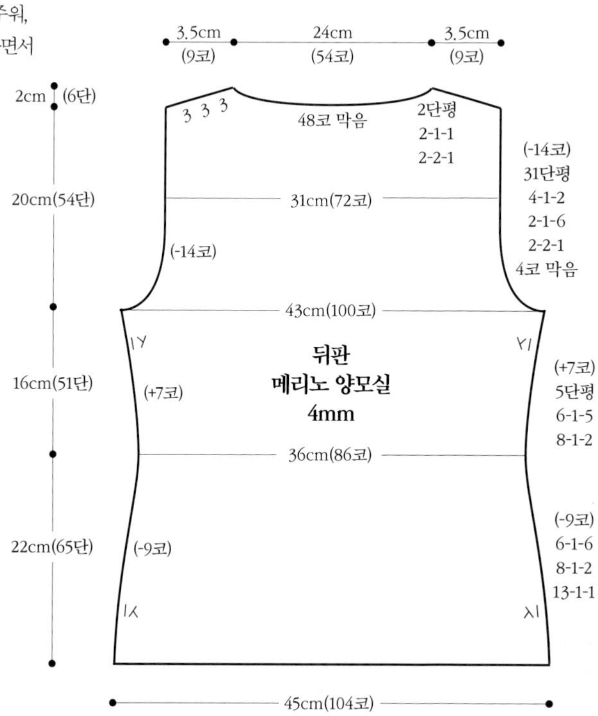

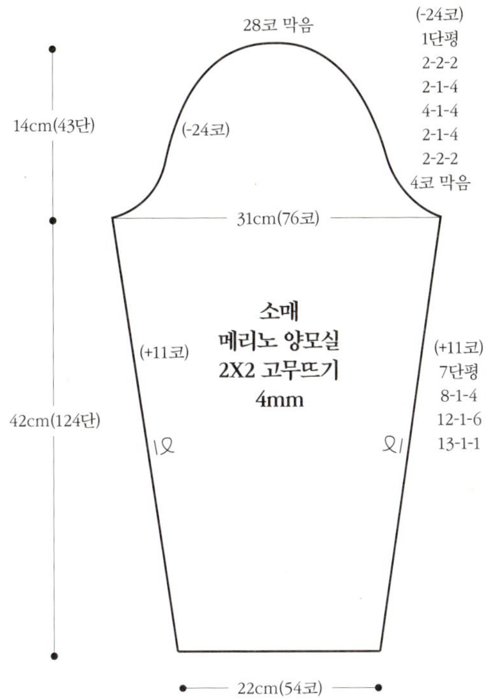
28코 막음
(-24코)
1단평
2-2-2
2-1-4
4-1-4
2-1-4
2-2-2
4코 막음
14cm(43단)
(-24코)
31cm(76코)
소매
메리노 양모실
2X2 고무뜨기
4mm
(+11코)
(+11코)
7단평
8-1-4
12-1-6
13-1-1
42cm(124단)
22cm(54코)

book of
Patterns

팬시 탑 Fancy Top

깃털 장식실로 반소매를 만들어 귀여우면서도 단정한 느낌을 연출한 상의로,
밑단 방울뜨기도 디자인 포인트 중 하나이다.

난이도 : ●●○○○
주요 기법 : 방울무늬뜨기
실 소요량 : 메리노 양모실 자주색 240g (6타래), 깃털 장식실 자주색 50g(1타래)
바늘 : 3.5 & 4 & 8mm
게이지 : 메리노 양모실 25코 32단, 깃털 장식실 8코 14단
완성 치수 : 가슴둘레 86cm, 길이 56cm

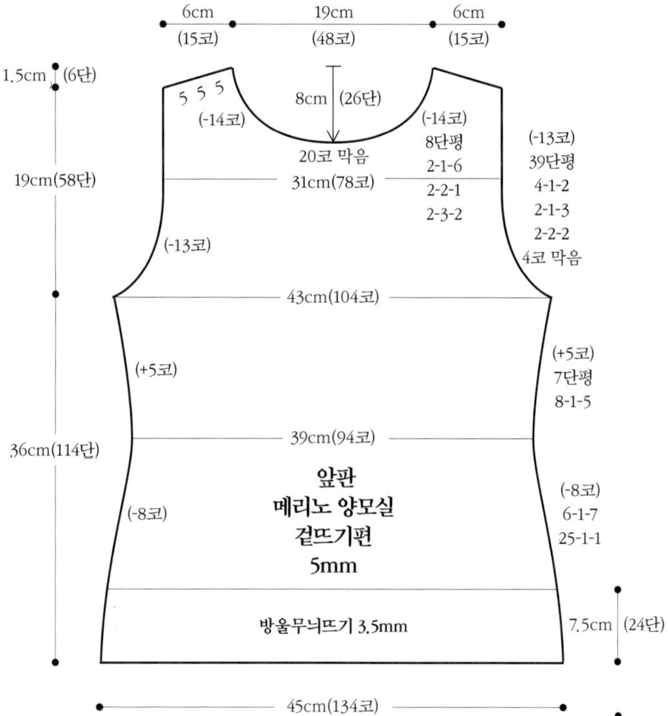
6cm
(15코)
19cm
(48코)
6cm
(15코)
1.5cm (6단)
5 5 5
(-14코)
8cm (26단)
(-14코)
8단평
2-1-6
2-2-1
2-3-2
20코 막음
19cm(58단)
31cm(78코)
(-13코)
39단평
4-1-2
2-1-3
2-2-2
4코 막음
(-13코)
43cm(104코)
(+5코)
(+5코)
7단평
8-1-5
36cm(114단)
39cm(94코)
앞판
메리노 양모실
겉뜨기편
5mm
(-8코)
(-8코)
6-1-7
25-1-1
방울무늬뜨기 3.5mm
7.5cm (24단)
45cm(134코)

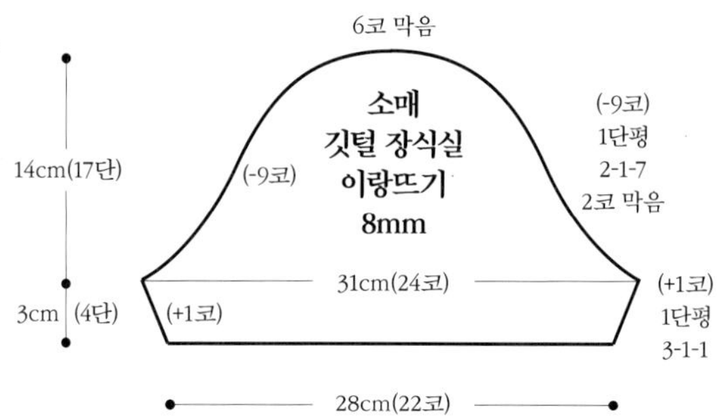
6코 막음
소매
깃털 장식실
이랑뜨기
8mm
14cm(17단)
(-9코)
(-9코)
1단평
2-1-7
2코 막음
31cm(24코)
3cm (4단)
(+1코)
(+1코)
1단평
3-1-1
28cm(22코)

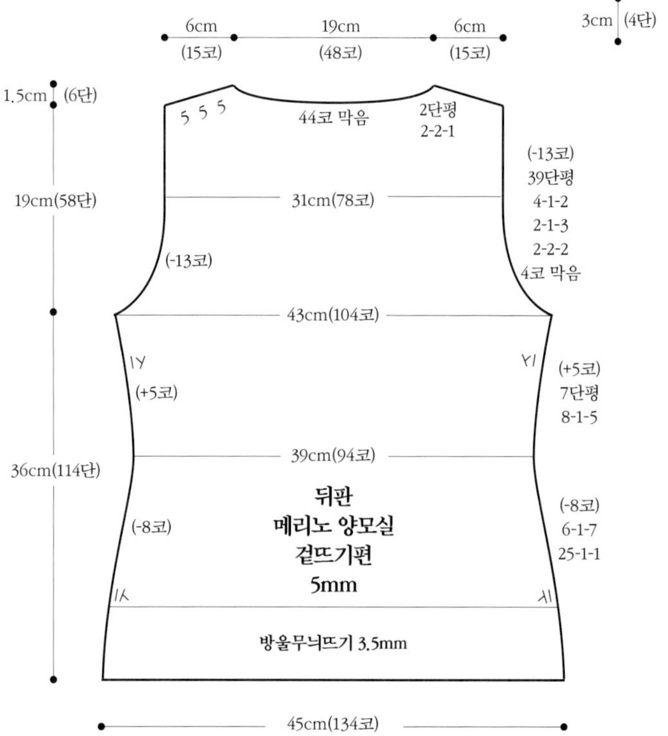
6cm
(15코)
19cm
(48코)
6cm
(15코)
1.5cm (6단)
5 5 5
44코 막음
2단평
2-2-1
19cm(58단)
31cm(78코)
(-13코)
39단평
4-1-2
2-1-3
2-2-2
4코 막음
(-13코)
43cm(104코)
(+5코)
(+5코)
7단평
8-1-5
36cm(114단)
39cm(94코)
뒤판
메리노 양모실
겉뜨기편
5mm
(-8코)
(-8코)
6-1-7
25-1-1
방울무늬뜨기 3.5mm
45cm(134코)

1코에서 3코 만들기

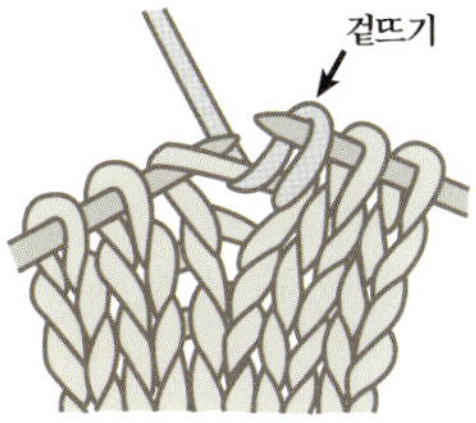

1. 1코 겉뜨기를 한 후, 왼쪽 바늘의 코에서 바늘을 빼지 않고 그대로 둔다.

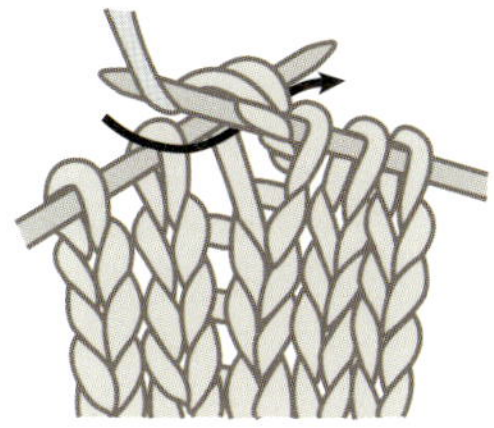

2. 왼쪽 바늘의 코에 오른쪽 바늘을 뒤쪽에서 앞으로 질러넣어 화살표 방향으로 실을 감아 빼주어 안뜨기를 한다.

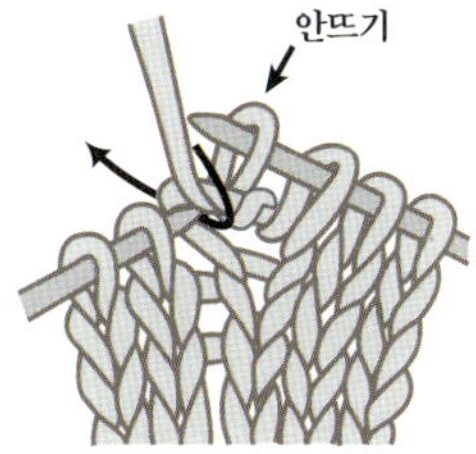

3. 동일한 코에서 1번 더 겉뜨기를 한다.

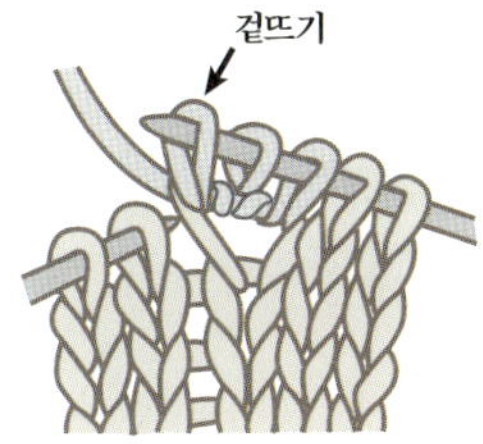

4. 1코에서 겉뜨기, 안뜨기, 겉뜨기 순서로 3코를 늘린 모양.

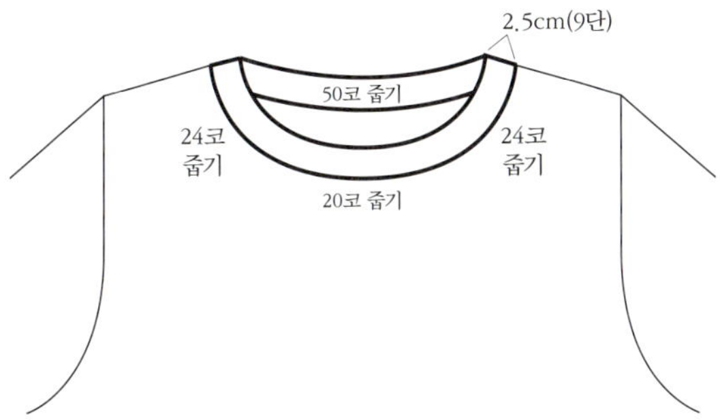

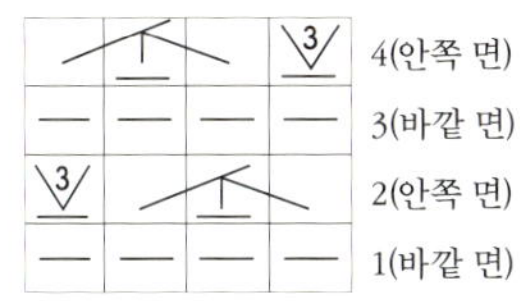

목 둘레단 만들기(방울무늬, 3.5mm)

모두 118코를 주워 7단 방울무늬뜨기를 한 다음, 바깥 면에서 안뜨기로 코를 막는다. 그리고 왼쪽 어깨 지점에서 돗바늘로 양쪽 가장자리를 잇는다.

방울무늬뜨기(4코 4단 반복)

1단(바깥 면) : 안뜨기
2단(안쪽 면) : 겉뜨기 1코, [1코에서 3코 만들기, 3코 한꺼번에 안뜨기] X 반복, 겉뜨기 1코
3단(바깥 면) : 안뜨기
4단(안쪽 면) : 겉뜨기 1코, [3코 한꺼번에 안뜨기, 1코에서 3코 만들기] X 반복, 겉뜨기 1코

빅 다이아몬드 스웨터 Big Diamond Sweater

전형적인 아란무늬와 다르게 다이아몬드무늬와 꽈배기무늬만을 커다랗게 확대시켜
발상의 전환을 시도한 경쾌하고 시원한 느낌의 클래식한 스웨터이다.

난이도 : ●●●○○
주요 기법 : 다이아몬드무늬뜨기
실 소요량 : 모헤어 혼방실 빨간색 850g(17타래) *2겹으로 뜬다.
바늘 : 4.5 & 5mm
게이지 : 21코 23단
완성 치수 : 가슴둘레 94cm, 길이 66cm
부속 재료 : 단추(2.5cm) 6개

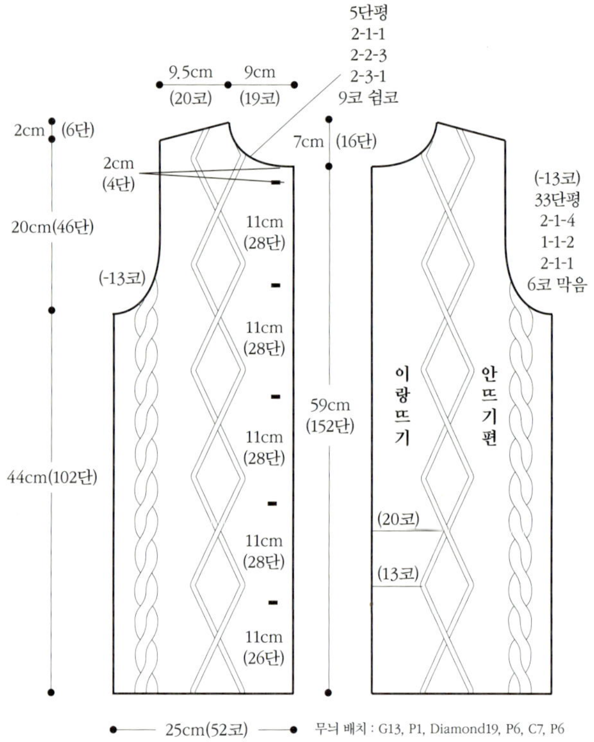

무늬 배치 : G13, P1, Diamond19, P6, C7, P6

G13 : 앞단 이랑뜨기 13코
P1 : 안뜨기편 1코
Diamond19 : 다이아몬드무늬뜨기 19코
P6 : 안뜨기편 6코
C7 : 꽈배기무늬뜨기 7코
P6 : 안뜨기편 6코

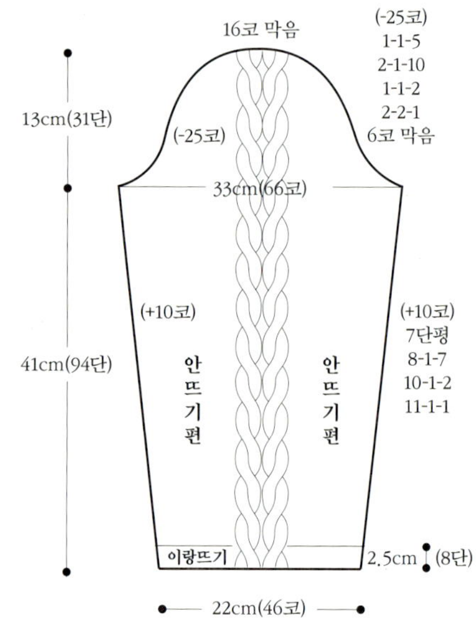

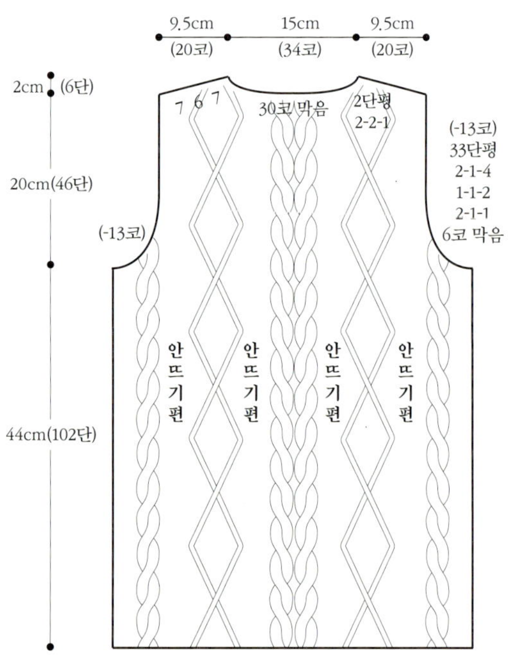

무늬 배치 : P6, C7, P5, Diamond19, P5, C7, P2, C7, P5, Diamond19, P5, C7, P6

깃 만들기(이랑뜨기, 4.5mm)

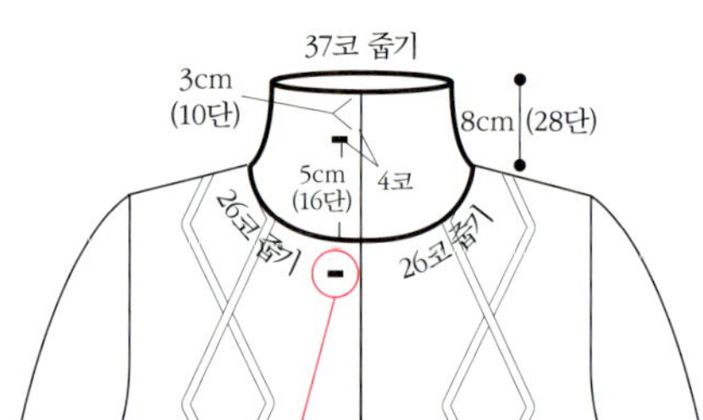

바깥 면에서 4코 안쪽에서 2코 막음하고, 다음 단에서 감아뜨기로 2코를 만들어 2코 가로 단춧구멍을 만든다.

다이아몬드무늬뜨기(19코 30단 반복)

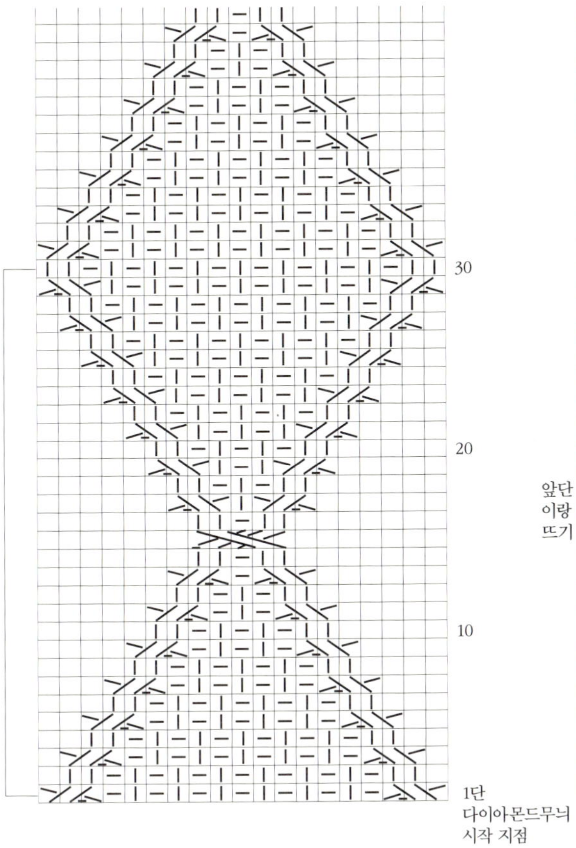

왼쪽 앞판 다이아몬드무늬뜨기

앞단
이랑
뜨기

옆선쪽
안뜨기편

뒤판 중앙과 소매 중앙 꽈배기무늬뜨기

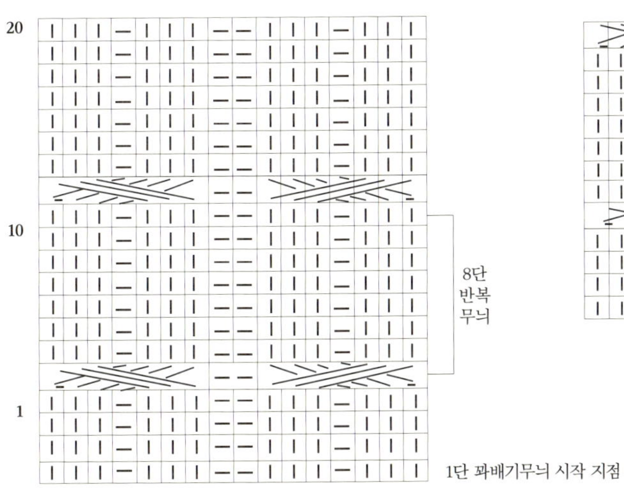

뒤판 오른쪽과 앞판 왼쪽 꽈배기무늬뜨기

뒤판 왼쪽과 앞판 오른쪽 꽈배기무늬뜨기

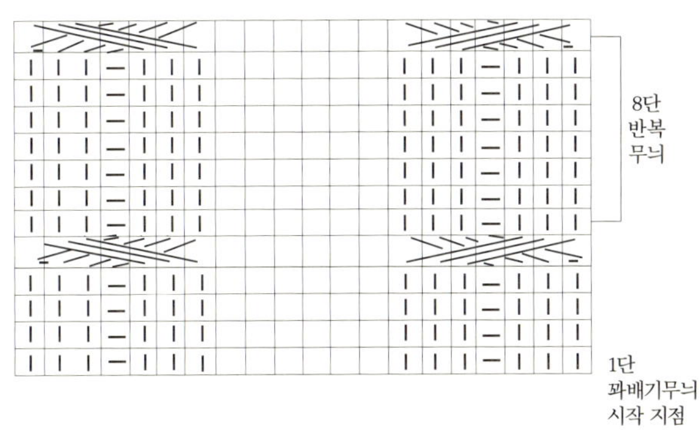

비침무늬 스웨터 Pointelle Sweater

평온한 시골 전원 풍경을 떠올리게 하는 소박하면서도 자연스러운 느낌의 빈티지풍 스웨터를
언밸런스한 레이어드룩으로 멋지게 스타일링해 시크하게 연출했다.

난이도 : ●●●○○
주요 기법 : 비침무늬뜨기와 방울무늬뜨기
실 소요량 : 양모 혼방실 녹황색 320g(8타래)
바늘 : 4 & 4.5mm, 코바늘 2.5mm(4/0)
게이지 : 22코 24단
완성 치수 : 가슴둘레 90cm, 길이 64cm

TIP
비침무늬의 코를 만들 때는 반드시 8의 배수 + 3코로 만든다.

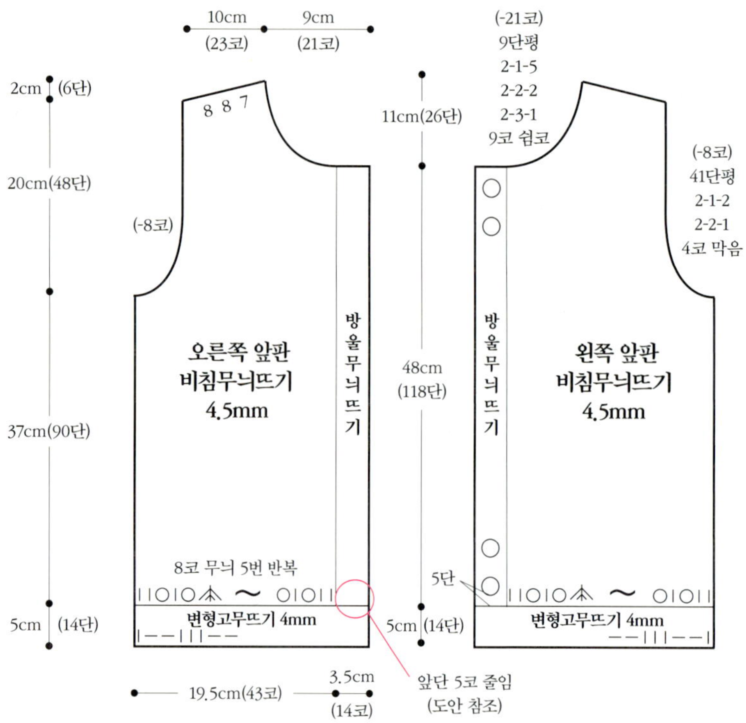

앞판 밑단 만들기(변형고무뜨기, 4mm)

1. 코를 만든 다음, 앞단의 처음 2코를 걸러뜨기하면서 도안대로 3X2 고무뜨기 밑단의 기초를 만든다.
2. 4단 더 3X2 고무뜨기를 한 후 7번째 단(바깥 면)에서 모든 코를 1단 안뜨기한다.
3. 도안대로 앞단 가장자리 모양을 세우면서 7단 더 2X2 고무뜨기를 한 후, 앞단 무늬뜨기와 비침무늬뜨기 도안 1단부터 시작하며 몸판을 만든다.
4. 뒤판 밑단도 앞판과 동일하게 변형고무뜨기로 한다.

앞단 만들기(방울무늬뜨기, 4.5mm)

1. 14단을 밑단 변형고무뜨기로 뜬 다음, 15단에서 도안대로 5코를 줄여 14코를 9코로 만든다.
2. 15단(바깥 면) : 처음 2코 가장자리 걸러뜨기, 겉뜨기 2코, 다음 10코는 각각 2코 한꺼번에 안뜨기로 떠서 5코로 만든 다음, 몸판 부분은 도안처럼 양 가장자리에 겉뜨기 1코씩과 옆선 솔기코 1코를 더해주어 비침무늬 도안 1단부터 시작한다.
3. 앞단 가장자리 2코는 계속해서 걸러 뜨면서 안뜨기편으로 3단 더 뜬 후, 다음 단에서 2코 걸러뜨기, 3코 안뜨기, 방울뜨기, 3코 안뜨기를 해 첫 번째 방울을 만든다.
4. 위와 같은 방식으로 8단마다 6번째 코에서 방울 만들기를 반복해 앞단에 14개의 방울을 만든다.

소매 밑단 코 늘리기

1. 4mm 바늘로 45코를 만든 다음, 2X2 고무뜨기로 7단을 떠서 소매 밑단을 만든다.
2. 9단에서 4.5mm 바늘로 바꾸어 비침무늬뜨기 1단부터 시작한다.이때, 원래 비침무늬뜨기 도안과 다르게 가운데위5코겹쳐뜨기 대신 가운데위3코겹쳐뜨기(《반가워 손뜨개》 132페이지 참조)로 대체하여 비침무늬뜨기 1단을 뜬다.
   8코마다 반복되는 비침무늬를 7번 반복하면 모두 14코가 늘어나면서, 총 59코가 된다.
3. 비침무늬뜨기 도안의 두 번째 단에 해당하는 10단은 59코 모두 안뜨기로 뜨면서, 무늬뜨기를 해나간다.

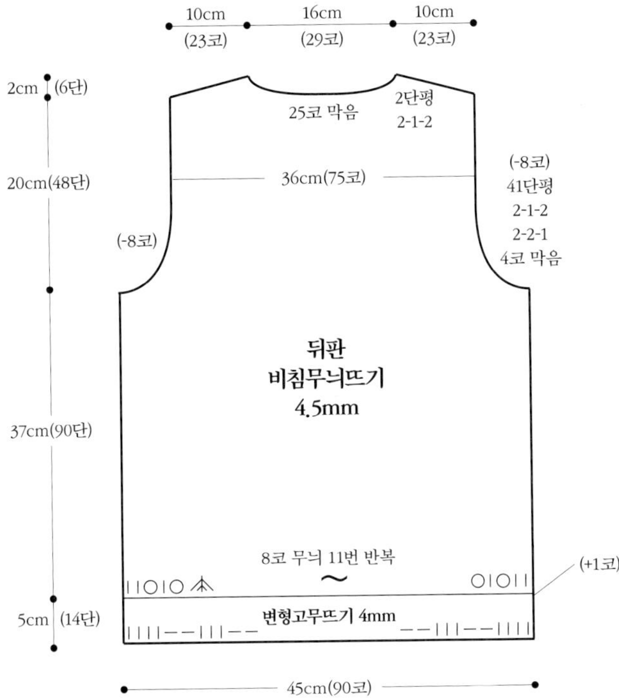

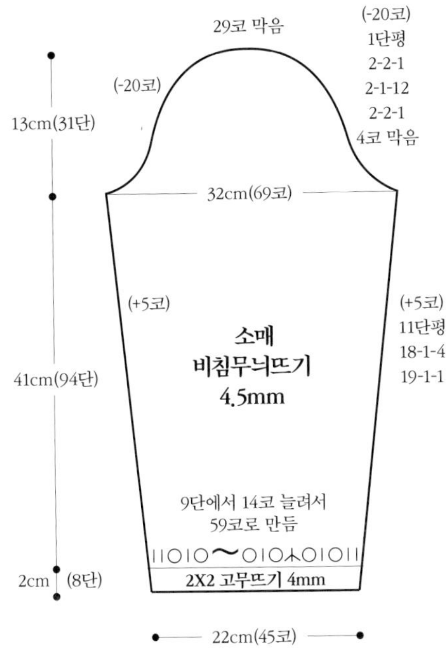

목둘레단 만들기(2X2 고무뜨기, 4mm)

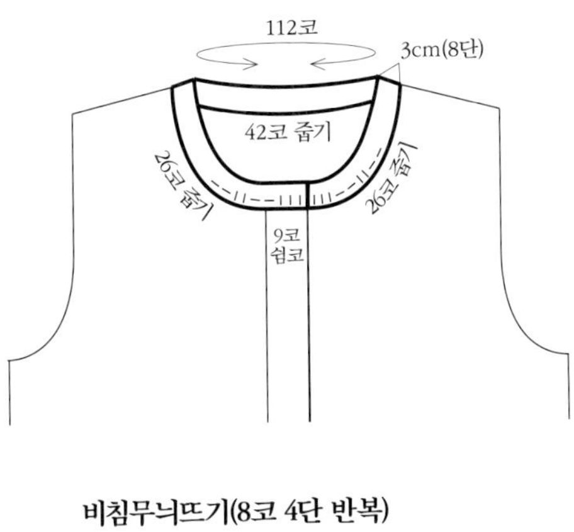

비침무늬뜨기(8코 4단 반복)

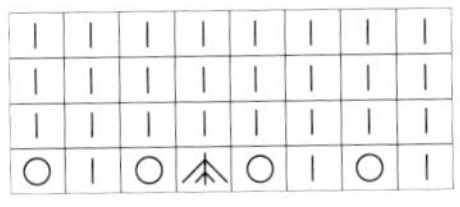

앞단 무늬뜨기

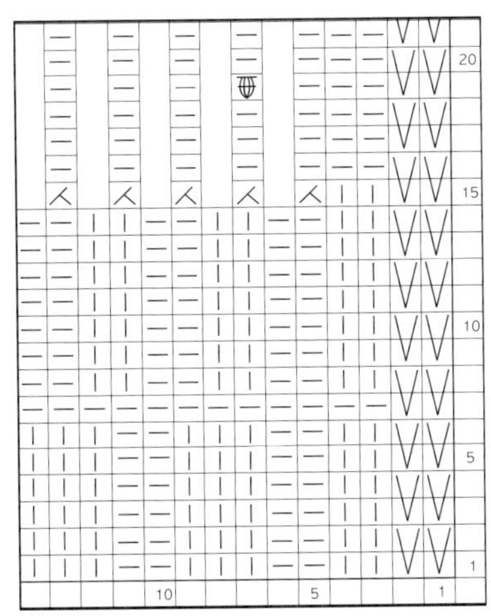

가운데위5코겹치기

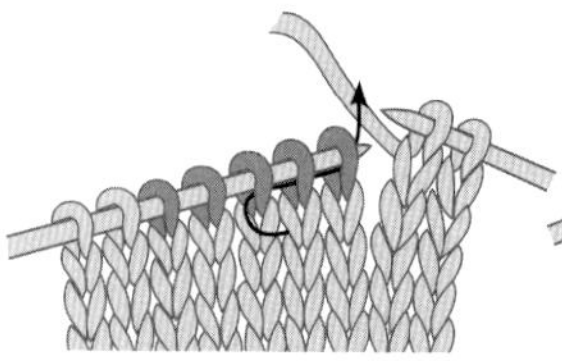

1. 왼쪽 바늘의 3코에 화살표 방향으로 오른쪽 바늘을 넣어 뜨지 않고 바늘 위치만 옮긴다.

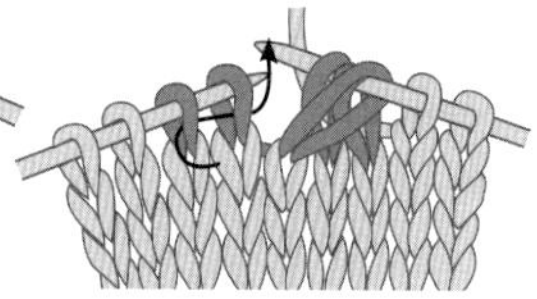

2. 왼쪽 바늘에 있는 다음 2코를 한꺼번에 겉뜨기한다.

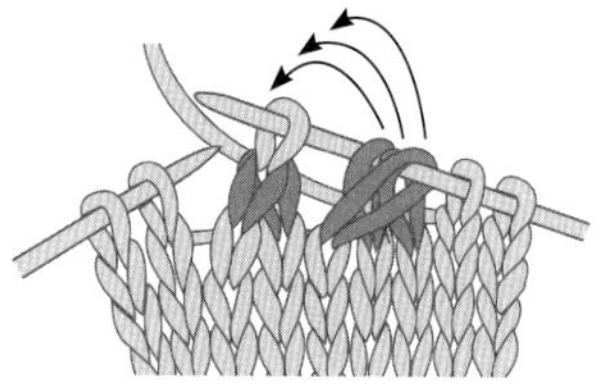

3. 오른쪽 바늘로 옮겨놓은 3코를 방금 전에 겉뜨기한 코 위로 한꺼번에 덮어씌워 5코를 1코로 만들며 모두 4코를 줄인다.

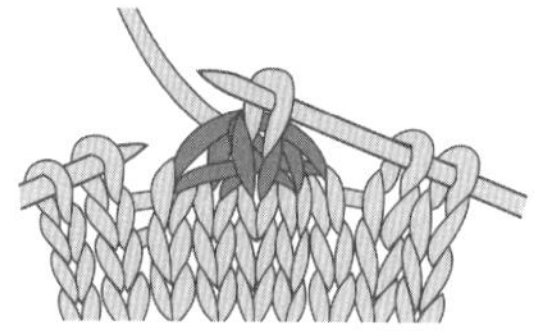

4. 가운데위5코겹치기 완성.

방울무늬뜨기

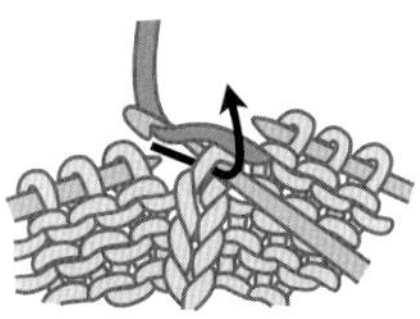

1. 방울을 만들 코에서 대바늘은 내려놓고 코바늘로 바늘을 바꾸어 사슬뜨기를 시작한다.

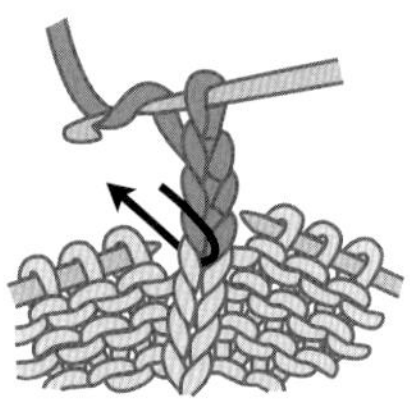

2. 사슬을 3코 더 만들어 기둥을 세운 다음, 바늘에 실을 한 번 감아서 화살표 방향으로 코바늘을 넣어 빼낸다.

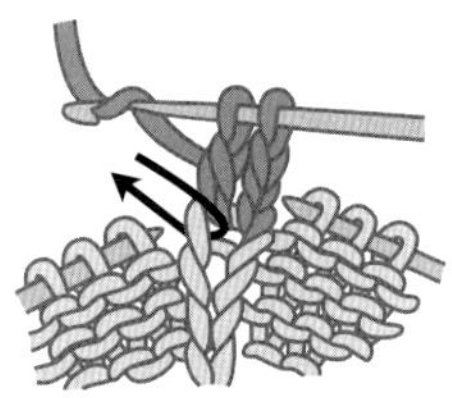

3. 앞의 고리 2개만 실을 감아 빼는 한길긴뜨기의 중간 과정까지만 뜨고 멈춰 바늘에 고리를 2개 걸친 후에, 또 다시 동일한 코 사이로 바늘을 넣는다.

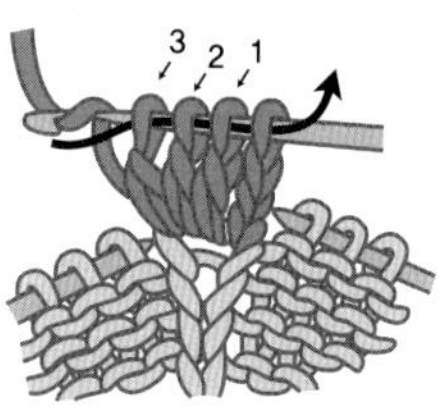

4. 위와 같이 하나의 코에서 한길긴뜨기를 2번 더 절반씩만 뜬 다음, 모두 4개의 고리가 바늘에 걸쳐지면, 바늘에 실을 감아 4개의 고리 사이로 빼낸다.

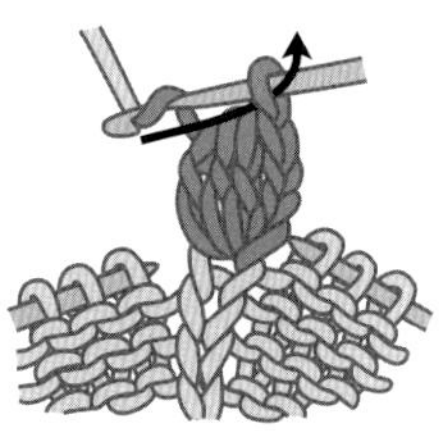

5. 사슬뜨기를 1코 한다.

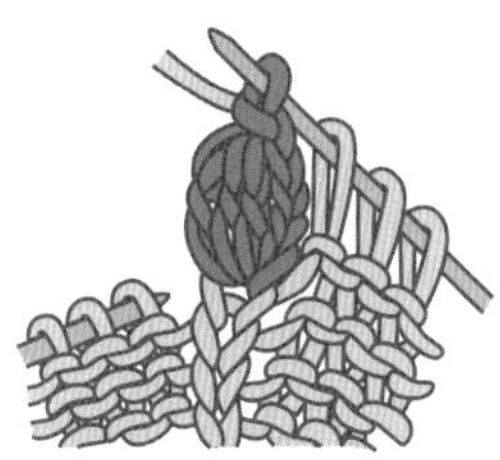

6. 방울을 완성한 후 다시 대바늘로 바늘을 바꿔 평소대로 대바늘 무늬뜨기를 계속한다.

TTOMA
paris

테일러드 카디건 Tailored Cardigan

마치 몸에 꼭 맞게 재단한 옷처럼 겉뜨기와 안뜨기를 이용해 프린세스 라인을 만들어주어 입었을 때 날씬해 보이는 효과가 있는 여성스러운 카디건이다.

난이도 : ●●●○○
주요 기법 : 프린세스 라인 만들기
실 소요량 : 양모 트위드실 살구색 275g(11타래)
바늘 : 3.5 & 4mm
게이지 : 21코 30단
완성 치수 : 가슴둘레 90cm, 길이 53cm
부속 재료 : 단추(1.8cm) 6개

TIP
조각들을 이을때, 소매의 겉뜨기편과 안뜨기편의 경계선과 몸판의 프린세스 라인이 정확하게 맞닿도록 잇는다.

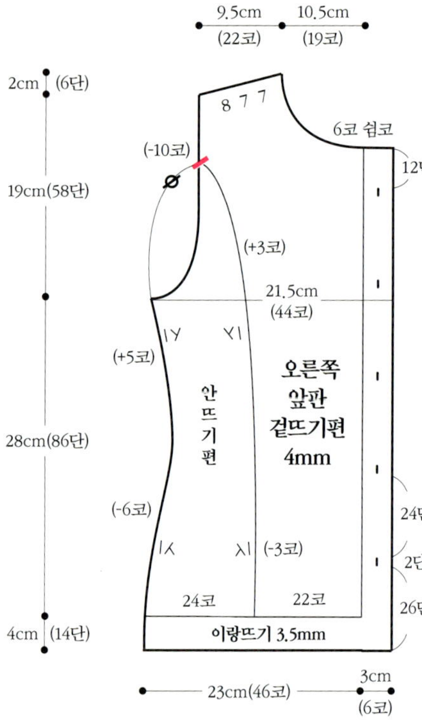
9.5cm (22코)
10.5cm (19코)
2cm (6단)
19cm(58단)
28cm(86단)
4cm (14단)
8 7 7
6코 쉼코
(-10코)
12단
(+3코)
21.5cm (44코)
(+5코)
오른쪽 앞판 겉뜨기편 4mm
안뜨기편
(-6코)
(-3코)
24단
2단
26단
24코
22코
이랑뜨기 3.5mm
23cm(46코)
3cm (6코)

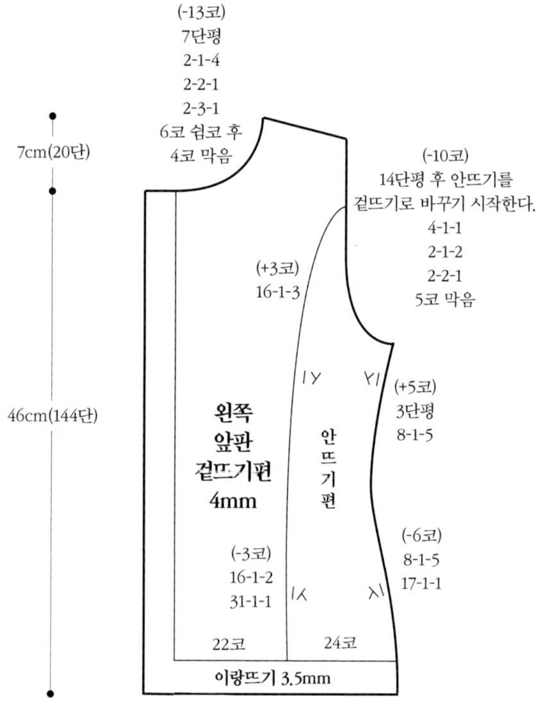
(-13코)
7단평
2-1-4
2-2-1
2-3-1
6코 쉼코 후
4코 막음
7cm(20단)
46cm(144단)
(-10코)
14단평 후 안뜨기를
겉뜨기로 바꾸기 시작한다.
4-1-1
2-1-2
2-2-1
5코 막음
(+3코)
16-1-3
(+5코)
3단평
8-1-5
왼쪽 앞판 겉뜨기편 4mm
안뜨기편
(-6코)
8-1-5
17-1-1
(-3코)
16-1-2
31-1-1
22코
24코
이랑뜨기 3.5mm

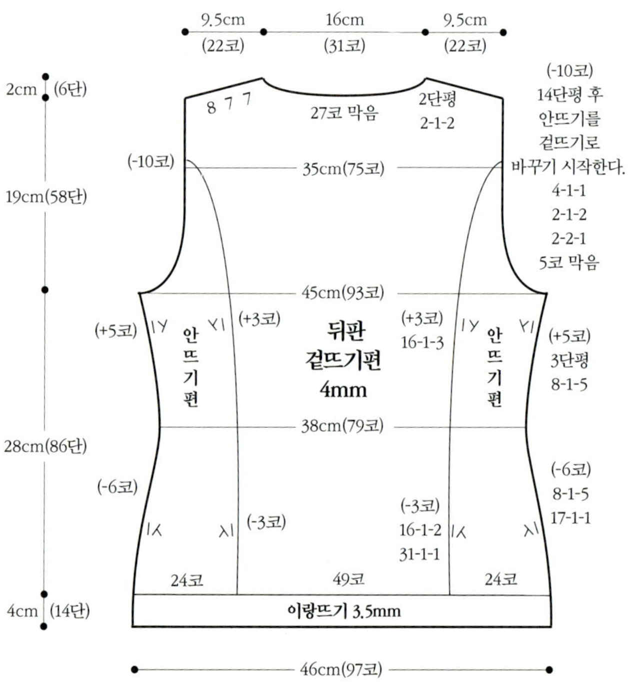
9.5cm (22코)
16cm (31코)
9.5cm (22코)
2cm (6단)
19cm(58단)
28cm(86단)
4cm (14단)
8 7 7
27코 막음
2단평
2-1-2
(-10코)
14단평 후
안뜨기를
겉뜨기로
바꾸기 시작한다.
4-1-1
2-1-2
2-2-1
5코 막음
35cm(75코)
45cm(93코)
(+5코)
(+3코)
뒤판 겉뜨기편 4mm
(+3코)
16-1-3
안뜨기편
(+5코)
3단평
8-1-5
38cm(79코)
(-6코)
(-6코)
8-1-5
17-1-1
(-3코)
(-3코)
16-1-2
31-1-1
24코
49코
24코
이랑뜨기 3.5mm
46cm(97코)

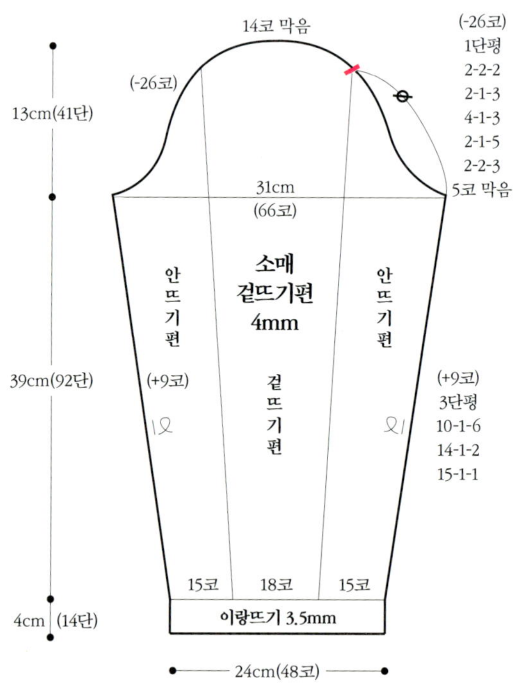
14코 막음
(-26코)
1단평
2-2-2
2-1-3
4-1-3
2-1-5
2-2-3
5코 막음
(-26코)
13cm(41단)
31cm (66코)
소매 겉뜨기편 4mm
안뜨기편
39cm(92단)
(+9코)
겉뜨기편
(+9코)
3단평
10-1-6
14-1-2
15-1-1
15코
18코
15코
4cm (14단)
이랑뜨기 3.5mm
24cm(48코)

프린세스 라인 만들기

1. 겉뜨기편과 안뜨기편의 경계선이 몸의 실루엣을 따라 자연스럽게 휘어지도록 경계선 바깥쪽인 안뜨기편에서 16단마다 1코씩 3번을 반복해서 3코를 줄여주고 다시 3코를 늘려준다.
2. 소매둘레 코줄임을 모두 마친 후 무늬를 따라 14단을 그대로 뜬다. 그 후 125번째단에서 무늬 경계선의 안뜨기 1코를 겉뜨기로 바꾼다.
3. 3-1-2, 2-1-3, 1-1-6 순서로 한 번에 1코씩 안뜨기를 겉뜨기로 바꾼다.
4. 다음 단(안쪽 면)은 그대로 뜨고, 다음 단(바깥 면)에서 2코를 한꺼번에 겉뜨기로 바꿔 무늬 경계선이 소매 둘레 쪽으로 급격하게 휘어지도록 만든다.
5. 13단을 겉뜨기편으로 뜬 다음, 어깨처짐을 시작한다.

앞단 만들기(이랑뜨기)

1. 52코를 만들어 밑단 28단을 만든 다음, 몸판 무늬뜨기와 다르게 앞단 6코는 목둘레선 모양을 낼 때까지 계속 이랑뜨기로만 뜬다.
2. 27단에서 4코 안쪽으로 들어가 첫 번째 작은 세로 단춧구멍을 만든 후, 26단 간격으로 모두 5개의 작은 세로 단춧구멍을 만들고 목둘레 모양을 낼 때 6코는 쉼코로 둔다.

깃 만들기

1. 양쪽 앞단의 쉼코 6코, 앞목둘레에서 20코씩, 뒷목둘레에서 37코를 주워 모두 89코를 만든다.
2. 9단을 겉뜨기편으로 뜬 후, 3단에 걸쳐 작은 세로 단춧구멍을 만든다.
3. 14단(안쪽 면)부터 4단을 계속 겉뜨기만 해 2개의 이랑을 만든 후, 안쪽 면에서 겉뜨기로 코를 막는다.

깃 만들기(겉뜨기편, 3.5mm)

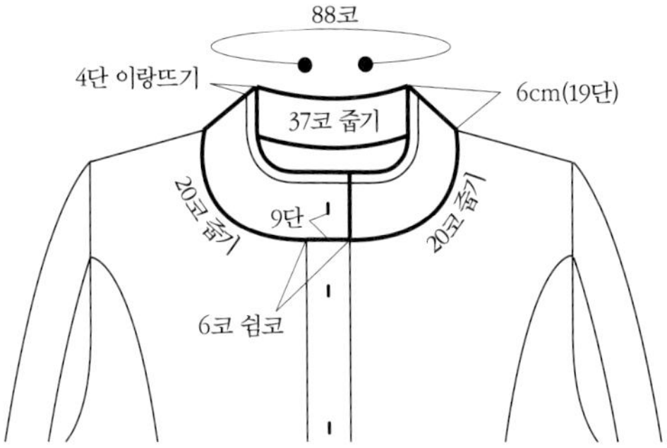

작은 세로 단춧구멍 만들기

1. 바깥 면에서 안뜨기를 할 차례일 때 바늘에 실을 걸쳐서 구멍을 만들고, 다음 2코를 왼코겹치기로 뜬다. 단춧구멍 위치에서 다음 2단을 뜰 동안 실만 바늘 위에 걸치며 걸러 떠서 구멍 만들기 코를 끌어올린다.

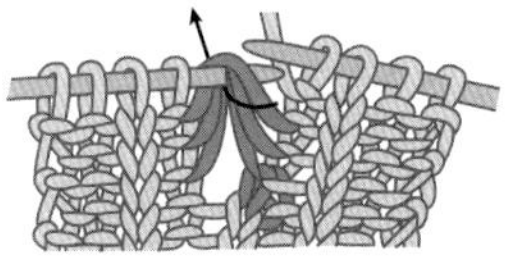

2. 2단 끌어올리기 작업을 한 후, 4번째 단(안쪽 면)에서 바늘에 걸쳐진 3가닥의 실에 화살표 방향으로 오른쪽 바늘을 넣어 한꺼번에 겉뜨기를 한다.

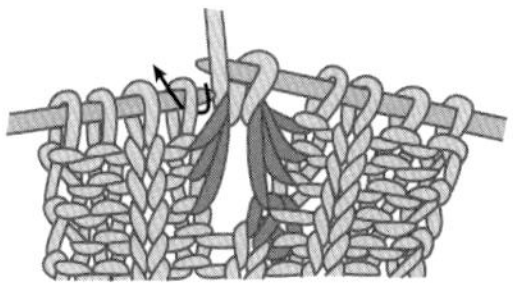

3. 나머지 코는 무늬대로 뜬다.

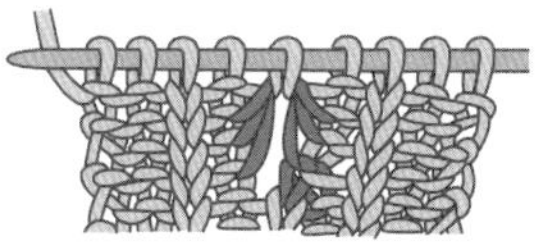

4. 안쪽 면에서 바라본 작은 세로 단춧구멍의 모양.

보색 대비 비대칭 베스트 Unbalanced Vest

강렬한 보색 대비로 포인트를 준 조끼로, 오른쪽 앞판을 가로 방향으로 떠서
다른 부분과 다르게 작업해 독특하고 재미있는 느낌을 살린 디자인이다.

난이도 ●●●○○
주요 기법 : 오른쪽 앞판 가로 방향으로 뜨기
실 소요량 : 모헤어 혼방실 녹청색 300g(3타래), 양모실 주홍색 150g(3타래), 양모실 초록 파랑 복합색 100g(2타래)
바늘 : 6 & 7mm
게이지 : 녹청색 양모실 14코 18단, 오른쪽 앞판 복합 색상 양모실(2겹) 16코 22단
완성 치수 : 가슴둘레 90cm, 길이 62cm
부속 재료 : 단추(2.5cm) 5개

TIP
오른쪽 앞판이 뒤판과 왼쪽 앞판보다 8cm 가량 길이가 길다. 그래서 뒤판 오른쪽 가장자리에서 46코를 주운 다음, 뒤판보다 8cm 길도록 13코를 더 만들어 59코로 오른쪽 앞판 뜨기를 시작한다.

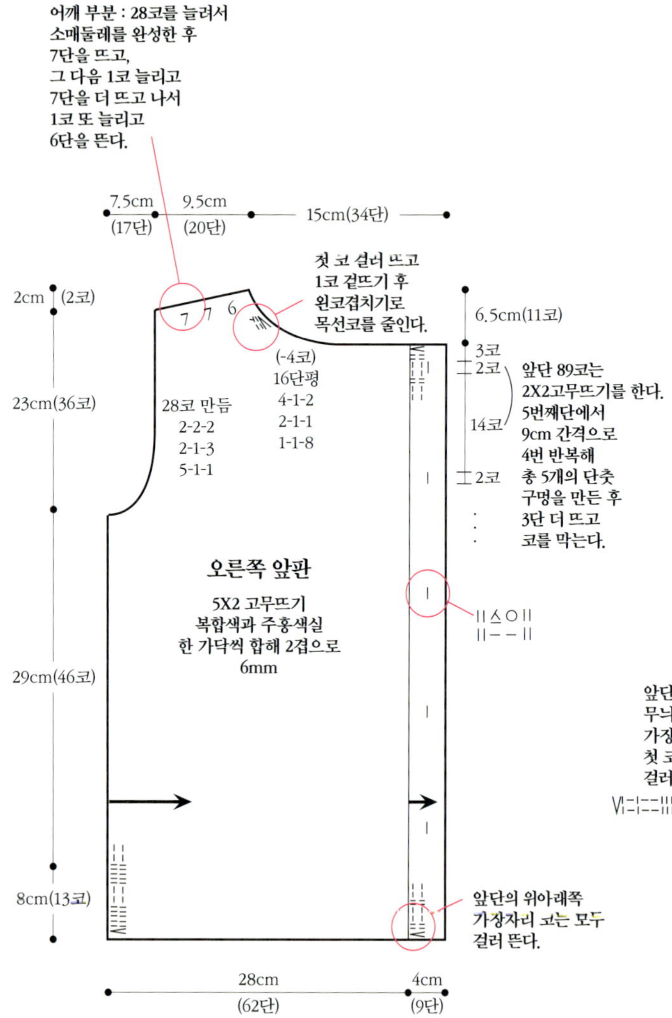
어깨 부분 : 28코를 늘려서
소매둘레를 완성한 후
7단을 뜨고,
그 다음 1코 늘리고
7단을 더 뜨고 나서
1코 또 늘리고
6단을 뜬다.
7.5cm (17단)
9.5cm (20단)
15cm(34단)
첫 코 걸러 뜨고
1코 겉뜨기 후
왼코겹치기로
목선코를 줄인다.
2cm (2코)
23cm(36코)
29cm(46코)
8cm(13코)
7 7 6
28코 만듬
2-2-2
2-1-3
5-1-1
(-4코)
16단평
4-1-2
2-1-1
1-1-8
6.5cm(11코)
3코
2코
14코
2코
앞단 89코는
2X2고무뜨기를 한다.
5번째단에서
9cm 간격으로
4번 반복해
총 5개의 단춧
구멍을 만든 후
3단 더 뜨고
코를 막는다.
오른쪽 앞판
5X2 고무뜨기
복합색과 주홍색실
한 가닥씩 합해 2겹으로
6mm
앞단의 위아래쪽
가장자리 코는 모두
걸러 뜬다.
28cm (62단)
4cm (9단)

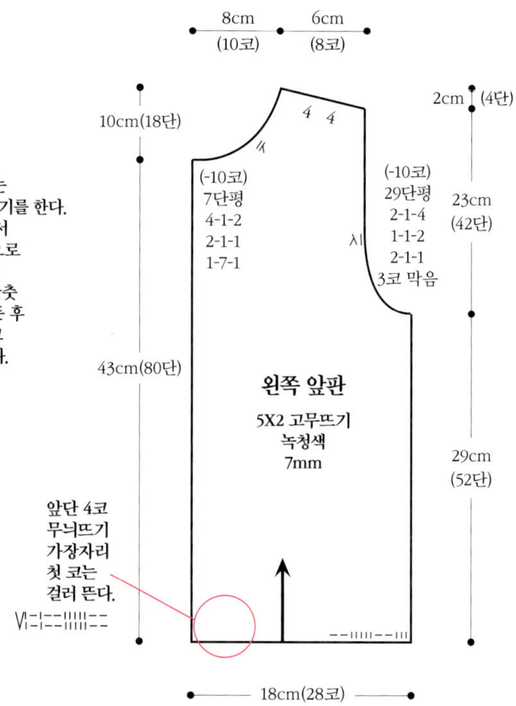
8cm (10코)
6cm (8코)
2cm (4단)
10cm(18단)
4 4
(-10코)
7단평
4-1-2
2-1-1
1-7-1
(-10코)
29단평
2-1-4
1-1-2
2-1-1
3코 막음
23cm (42단)
43cm(80단)
29cm (52단)
왼쪽 앞판
5X2 고무뜨기
녹청색
7mm
앞단 4코
무늬뜨기
가장자리
첫 코는
걸러 뜬다.
18cm(28코)

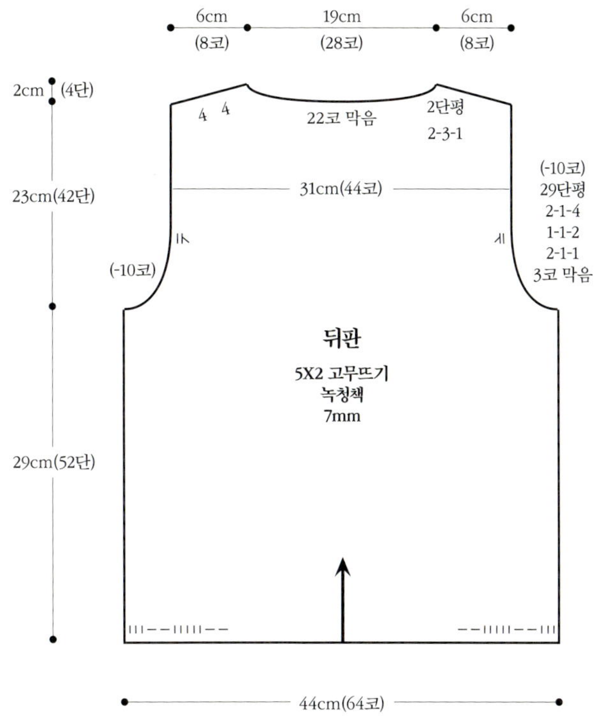

목둘레단과 팔둘레단 만들기(2X2 고무뜨기, 6mm, 녹청색)

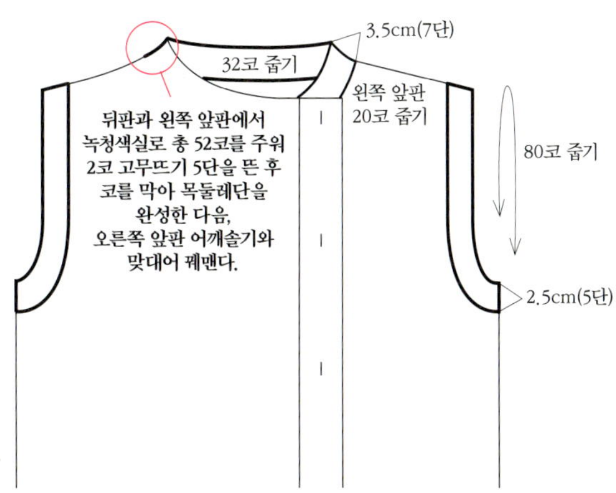

요크 베스트 Yoke Vest

세 가지 색 실 배색이 돋보이는 귀여운 느낌의 조끼로
어깨 부분의 요크 디자인이 앙증맞은 느낌을 더하고 있다.

난이도 : ●●●○○
주요 기법 : 요크 부분 만들기
실 소요량 : 알파카 혼방 트위드실 주황색 100g (2타래), 고동색, 황토색, 하늘색 각 50g(1타래)씩
바늘 : 3.5 & 4mm
게이지 : 22코 30단
완성 치수 : 가슴둘레 86cm, 길이 52cm
부속 재료 : 단추(1.5cm) 6개

TIP
하늘색 부분 10군데 지점에서 5코 중심을 세우고 양옆에서 대칭이 되도록 분산 코줄임을 해 요크를 만든다.

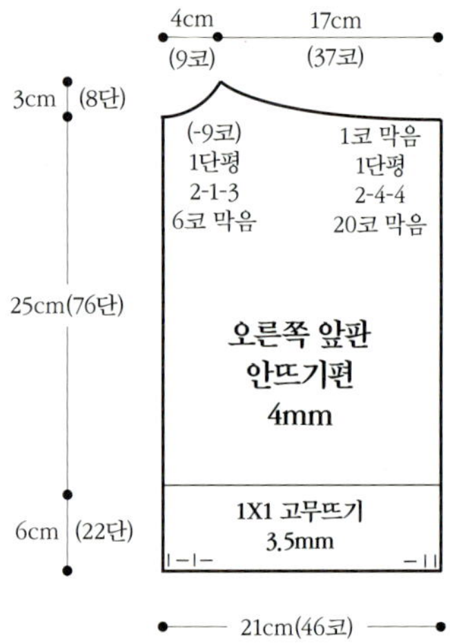

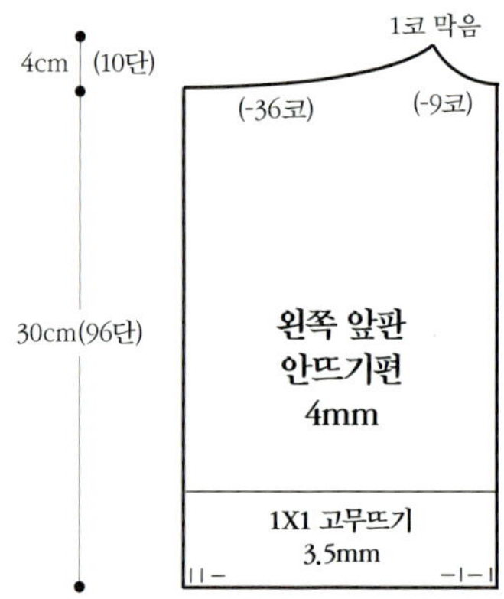

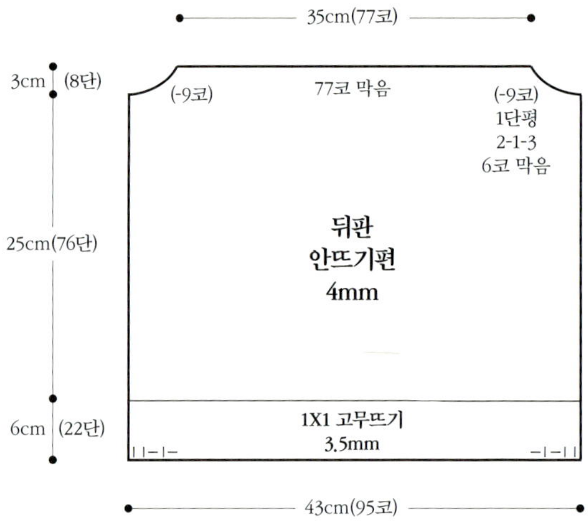

목과 팔둘레단, 그리고 앞단 만들기(1X1 고무뜨기, 3.5mm)

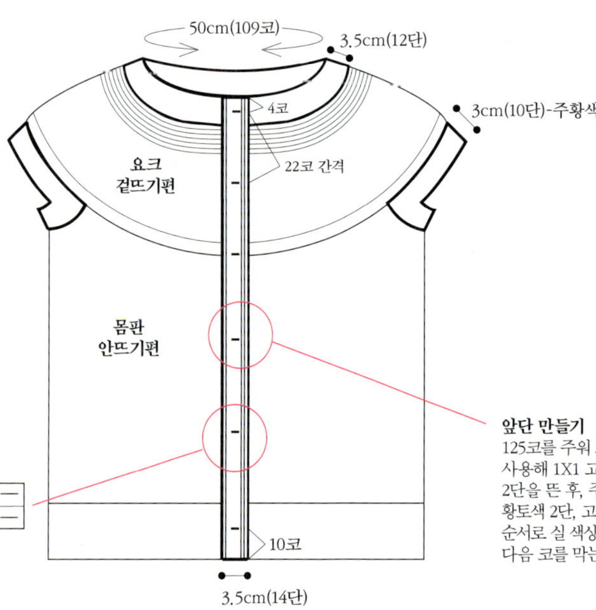

5번째 단에서 단춧구멍 만들기

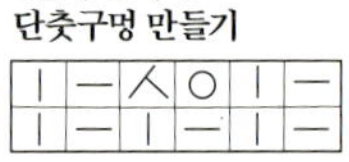

앞단 만들기
125코를 주워 고동색실을 사용해 1X1 고무뜨기로 2단을 뜬 후, 주황색 6단, 황토색 2단, 고동색 2단 순서로 실 색상을 바꿔 뜬 다음 코를 막는다.

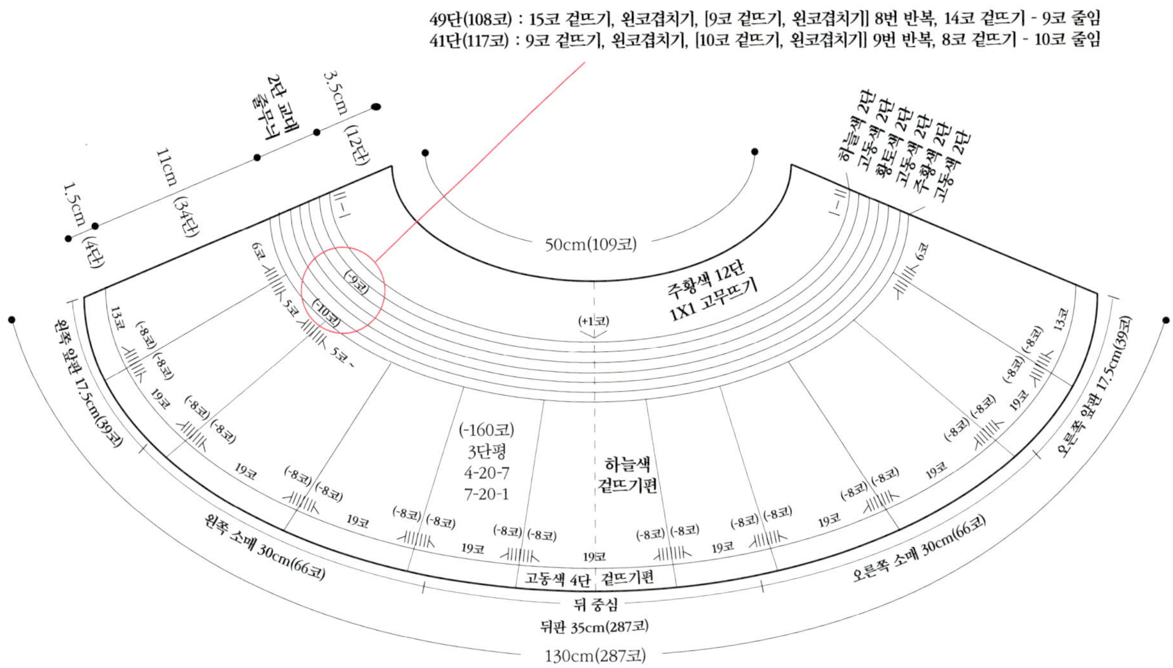

요크 만들기(겉뜨기편과 1X1 고무뜨기, 3.5mm)

1. 고동색 실로 좌우 앞판에서 39코씩 줍고, 좌우 소매에서 66코씩 만들고, 뒤판에서 77코를 주워 287코를 만든 다음 요크를 만들기 시작한다.
2. 고동색 실을 사용해 겉뜨기편으로 3단을 뜬 후 하늘색 실로 바꾼다.
3. 7번째 단 10군데 지점에서 5코를 가운데에 중심코로 모양을 세우고 양쪽에서 좌우 대칭이 되도록 분산 코줄임을 시작해 20코를 줄여 267코로 만든다.
4. 1단에서 20코씩 줄이는 분산 코줄임을 4단마다 7번 더 반복해 모두 160코를 줄여 127코로 만든다.
5. 하늘색 실로 콧수의 변화없이 3단을 더 뜬 다음, 고동색 실로 바꾸면서 2단씩 번갈아 색을 바꾸며 줄무늬뜨기를 시작한다.
6. 41단에서 9코 겉뜨기, 왼코겹치기, [10코 겉뜨기, 왼코겹치기] 9번 반복, 8코 겉뜨기로 떠서 10코를 줄여 117코로 만든다.
7. 49단에서 15코 겉뜨기, 왼코겹치기, [9코 겉뜨기, 왼코겹치기] 8번 반복, 14코 겉뜨기로 떠서 9코를 줄여 108코로 만든다.

꽈배기무늬 캐시미어 풀오버 Cashmere Cabled Pullover

전형적인 꽈배기무늬와 나팔꽃 형태의 고어드 실루엣의 조화가 돋보이는
클래식한 스타일의 캐시미어 풀오버이다.

난이도 : ●●●○○
주요 기법 : 분산 코줄임으로 고어드 실루엣 만들기
실 소요량 : 캐시미어실 진달래색 300g(12타래)
바늘 : 3.5 & 4mm
게이지 : 27코 36단
완성 치수 : 가슴둘레 80cm, 길이 65cm

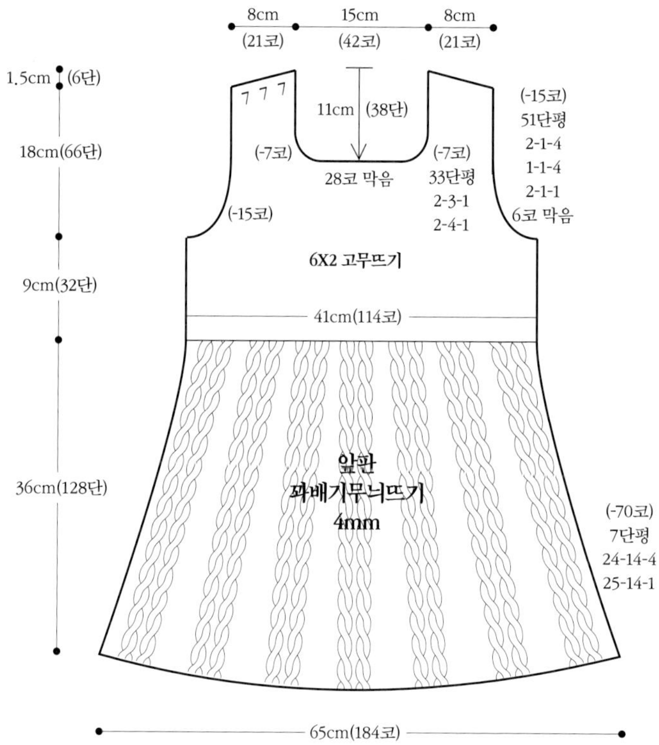
8cm
(21코)
15cm
(42코)
8cm
(21코)
1.5cm (6단)
11cm (38단)
(-15코)
51단평
2-1-4
1-1-4
2-1-1
6코 막음
18cm(66단)
(-7코)
(-7코)
33단평
2-3-1
2-4-1
28코 막음
(-15코)
6X2 고무뜨기
9cm(32단)
41cm(114코)
앞판
꽈배기무늬뜨기
4mm
36cm(128단)
(-70코)
7단평
24-14-4
25-14-1
65cm(184코)

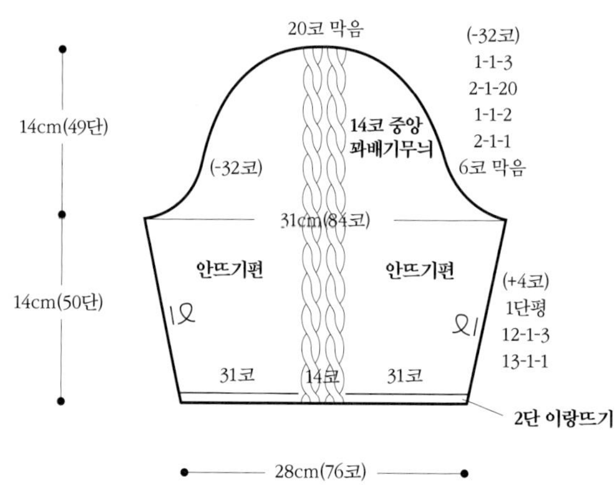
20코 막음
(-32코)
1-1-3
2-1-20
1-1-2
2-1-1
6코 막음
14cm(49단)
14코 중앙
꽈배기무늬
(-32코)
31cm(84코)
안뜨기편
안뜨기편
(+4코)
1단평
12-1-3
13-1-1
14cm(50단)
31코
14코
31코
2단 이랑뜨기
28cm(76코)

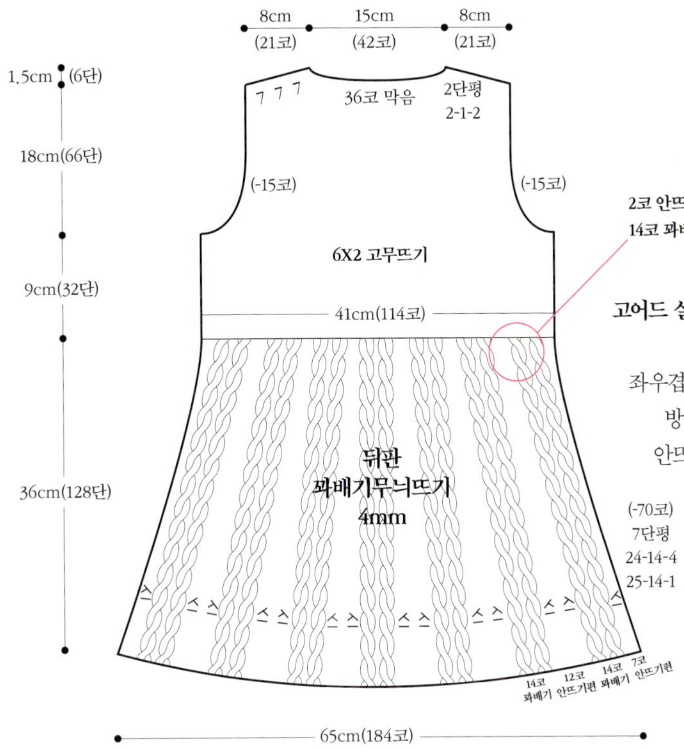

고어드 실루엣 분산 코줄임 하기

1단에서 14코씩 분산해 좌우겹쳐안뜨기로 코를 줄이는 방식으로, 모두 5번에 걸쳐 안뜨기편의 14군데 지점에서 총 70코를 줄인다.

목둘레 마무리하기(이랑뜨기, 3.5mm)

모두 144코를 주워 1단은 안뜨기로, 2단은 겉뜨기로 둥글게뜨기를 한 후, 다음 단에서 안뜨기를 하면서 코를 막는다.

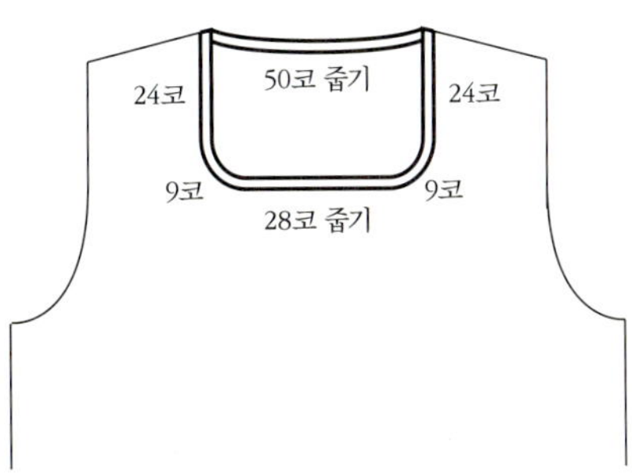

꽈배기무늬뜨기(14코 8단 반복)

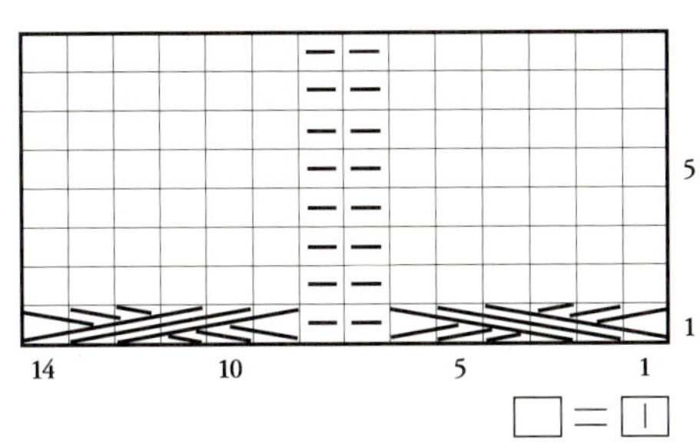

레이스 롱 튜닉 드레스 Lacy Long Tunic Dress

전체적으로 공작새의 깃털 모양 무늬를 넣어 만든 튜닉 드레스로, 양옆으로 겉뜨기편을 배치해 날씬해 보이는 효과를 주면서 동시에 초보자도 쉽게 무늬뜨기에 도전할 수 있도록 작업 난이도를 낮추었다. 밑단(Hemline)의 지그재그 라인도 디자인 포인트 중 하나다.

난이도 : ●●●○○
주요 기법 : V넥 코잡기
실 소요량 : 알파카 혼방 트위드실 청녹색 300g(6타래)
바늘 : 4 & 4.5mm
게이지 : 20코 30단
완성 치수 : 가슴둘레 86cm, 길이 75cm

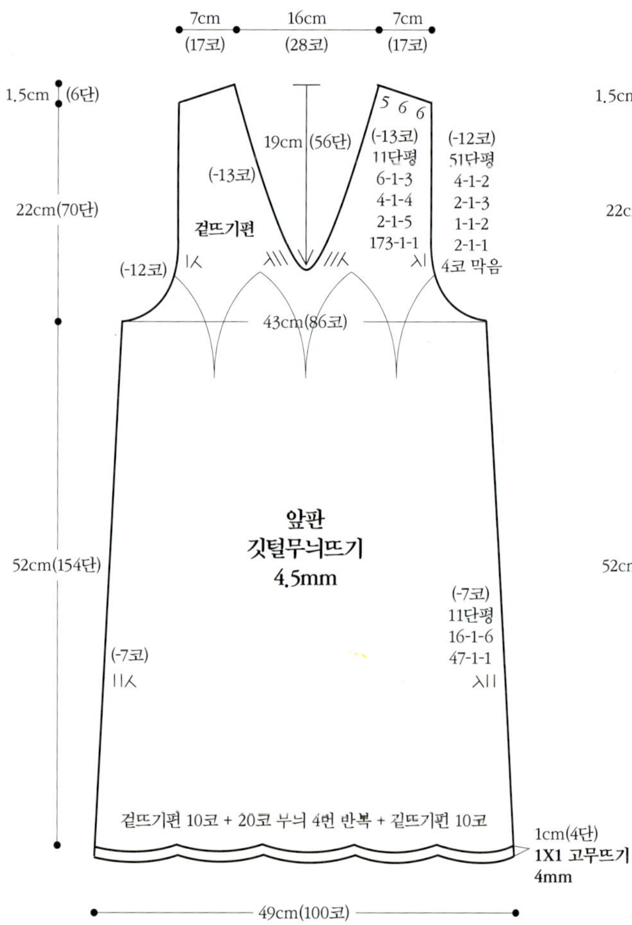

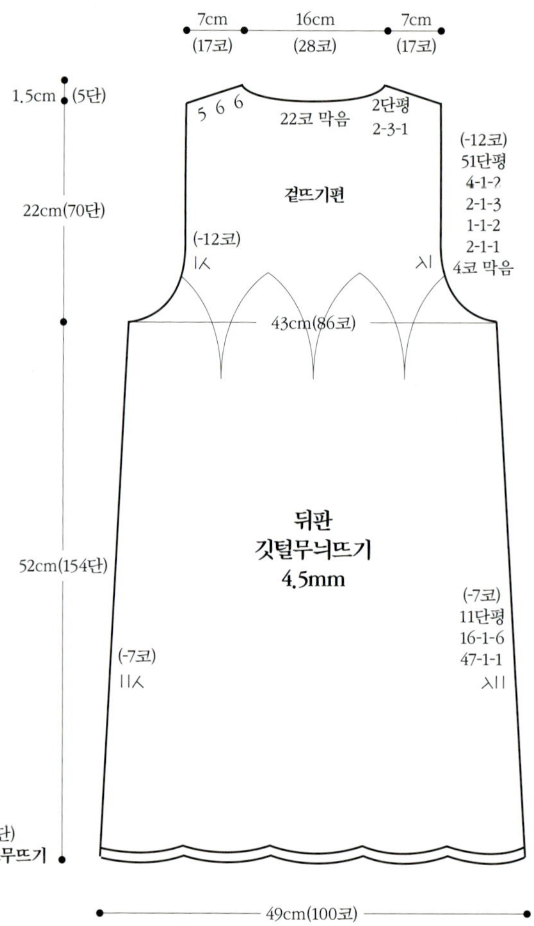

무늬뜨기 시작단

5단(바깥 면) : 겉뜨기 10코, 깃털무늬뜨기를 p83 도안 20 지점(분홍색 동그라미)부터 시작해 20코마다 반복하는 무늬뜨기를 4번 반복(80코), 나머지 10코 겉뜨기

무늬 배치하기

1. 코를 만든 후, 3단을 1X1 고무뜨기로 떠서 밑단을 만들고 5번째 단에서 무늬뜨기를 시작한다.
2. 5단(바깥 면) : 처음 10코는 겉뜨기를 하고, 다음 코부터 무늬 도안 1단의 20번째 코(시작 지점)부터 뜨기 시작하면서 20코마다 반복하는 무늬뜨기를 4번 반복한 다음, 마지막 10코 역시 겉뜨기로 마무리한다.

목둘레단 만들기(1X1 고무뜨기, 4mm)

1. 왼쪽 어깨 연결선부터 시작해 양쪽 앞판 목선에서 57코씩, 앞중심에서 꼬아뜨기로 중심코 1코를 늘리고, 뒤판에서 35코를 주워 모두 150코를 만든다.
2. 둥글게뜨기로 1X1 고무뜨기 6단을 만들고 코를 막는다. 이 때, 목둘레 가운데 V자로 꺾이는 부분에 중심코를 세워 2코를 한꺼번에 줄이는 가운데위3코겹치기(⋀)를 코를 줍고 난 다음 단부터 시작해 2단마다 4회 반복하며 모두 8코를 줄여 V자 꺾임을 만든다.

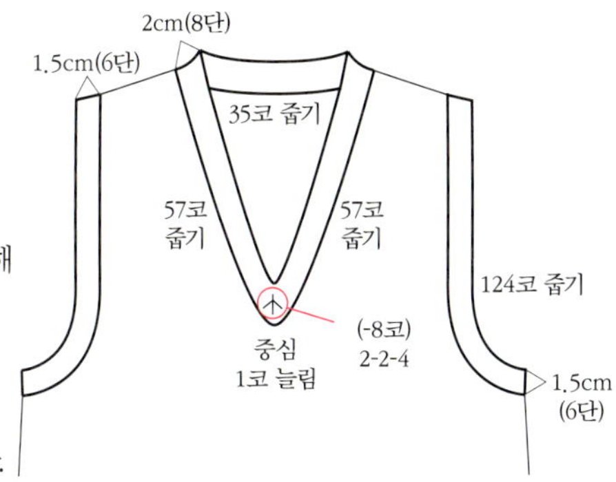

팔둘레단 만들기(1X1 고무뜨기, 4mm)

모두 124코를 주워 둥글게뜨기로 1X1 고무뜨기 4단을 뜬 다음에 코를 막는다.

공작새 깃털무늬뜨기(20코 64단 반복) 삽입

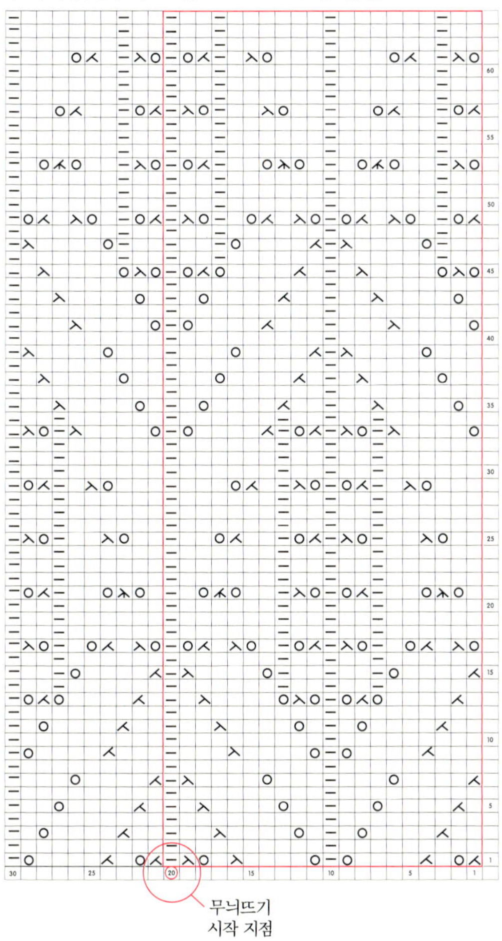

히피풍 빈티지 풀오버 Vintage Pullover

드롭 스티치 기법을 이용해 일부러 코를 풀어 낡고 헤진 듯한 느낌을 연출한 빈티지 풀오버로
여러 가지 컬러가 들어간 독특한 느낌의 장식사를 사용해 히피풍의 느낌을 더했다.

난이도 : ●●●○○
주요 기법 : 드롭스티치, 무늬뜨기
실 소요량 : 특수 장식사 450g(9타래)
바늘 : 7mm
게이지 : 9코 18단
완성 치수 : 가슴둘레 92cm 길이 68cm

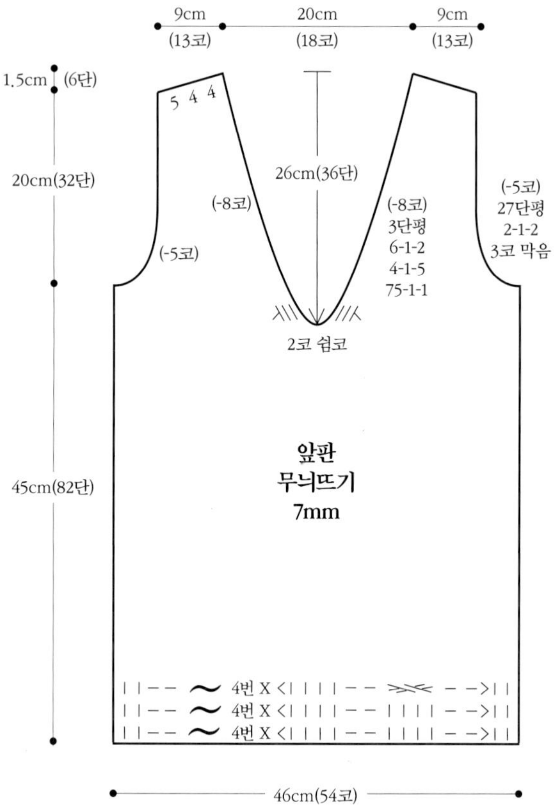
9cm
(13코)
20cm
(18코)
9cm
(13코)
1.5cm (6단)
20cm(32단)
45cm(82단)
5 4 4
26cm(36단)
(-8코)
(-5코)
(-8코)
3단평
6-1-2
4-1-5
75-1-1
(-5코)
27단평
2-1-2
3코 막음
2코 쉼코
앞판
무늬뜨기
7mm
4번 X
46cm(54코)

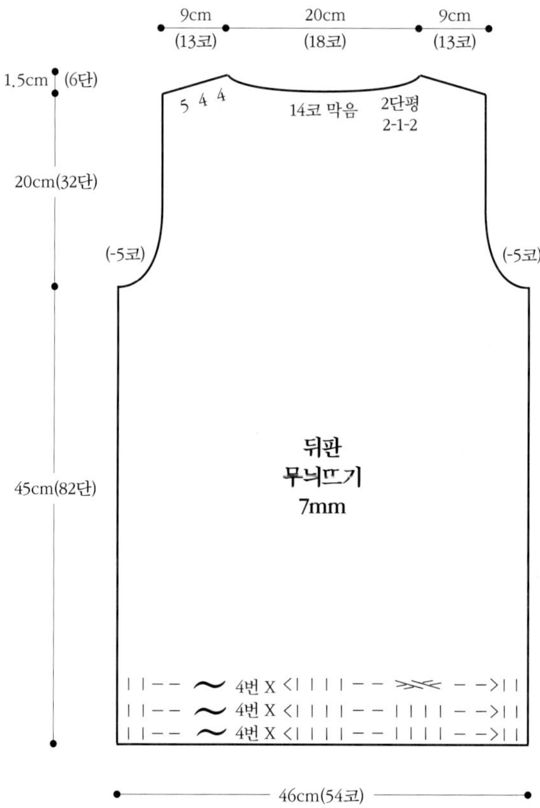
9cm
(13코)
20cm
(18코)
9cm
(13코)
1.5cm (6단)
20cm(32단)
45cm(82단)
5 4 4
14코 막음
2단평
2-1-2
(-5코)
(-5코)
뒤판
무늬뜨기
7mm
4번 X
46cm(54코)

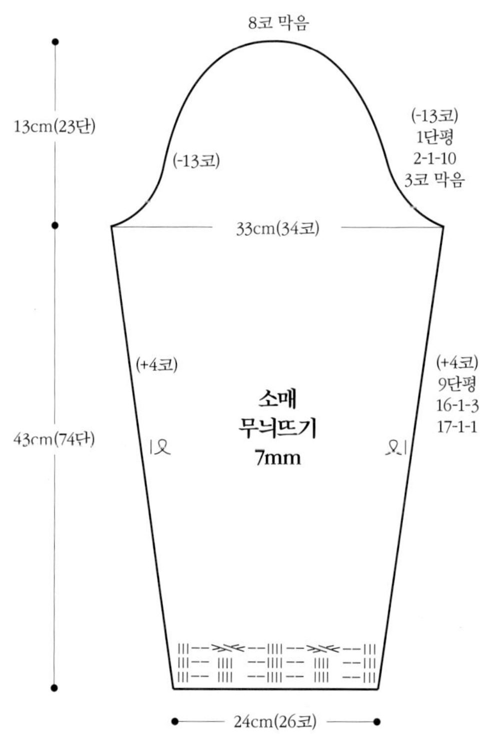
8코 막음
13cm(23단)
(-13코)
(-13코)
1단평
2-1-10
3코 막음
33cm(34코)
43cm(74단)
(+4코)
(+4코)
9단평
16-1-3
17-1-1
소매
무늬뜨기
7mm
24cm(26코)

꽈배기무늬뜨기(12코 36단 반복)

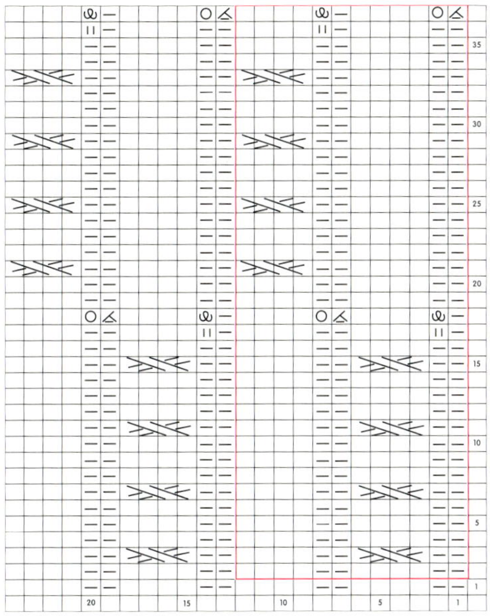

무늬 배치하기

1. 코를 만들고 난 다음 단(바깥 면)에서 무늬뜨기 도안 1단부터 시작해 바로 무늬뜨기를 한다.
   이때 86페이지 앞뒤몸판과 소매의 무늬 배치 그림처럼 양옆에 여분의 코를 두고 무늬뜨기를 한다.
2. 한 무늬가 36단인 꽈배기무늬뜨기를 계속 반복하다가 어깨처짐을 시작하는 지점부터 겉뜨기편으로 바꿔 뜬다.

Ⅱ **드롭스티치** : 바늘에서 1코를 빼내어 원하는 단수만큼 풀어준다.

감아코 만들기 : 오른쪽 바늘에 실을 꼬아 감아서 1코를 만든다.

왼코겹치기 : 2코를 한꺼번에 떠서 1코를 줄인다.

○ **구멍 만들기** : 실을 앞에 둔 채로 다음 코를 겉뜨기하며 바늘에 실이 걸쳐지게 해서 1코를 늘린다.

목둘레 마무리

모두 86코를 주워, 다음 단에서 안뜨기하면서 바로 코를 막는다.

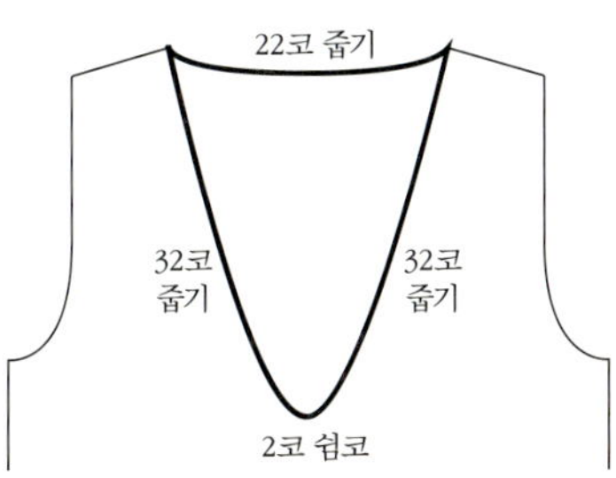

감아코 만들기

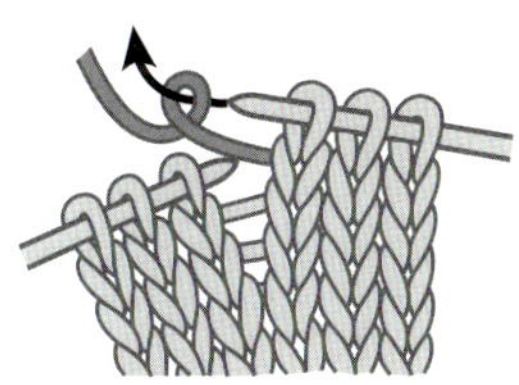

1. 손가락을 이용해 실을 그림처럼 꼬아 고리를 만들어 화살표 방향대로 오른쪽 바늘을 통과시킨다.

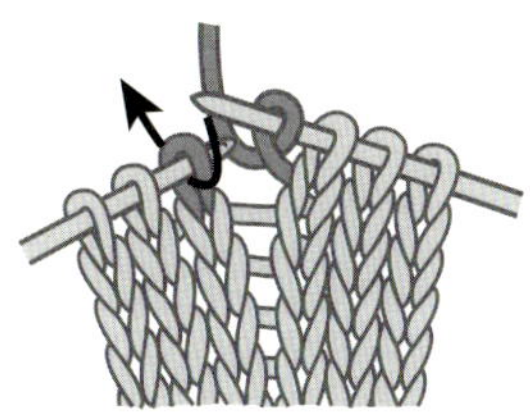

2. 오른쪽 바늘에 감은 고리의 실을 잡아당겨 1코 늘린 후, 다음 코를 겉뜨기한다.

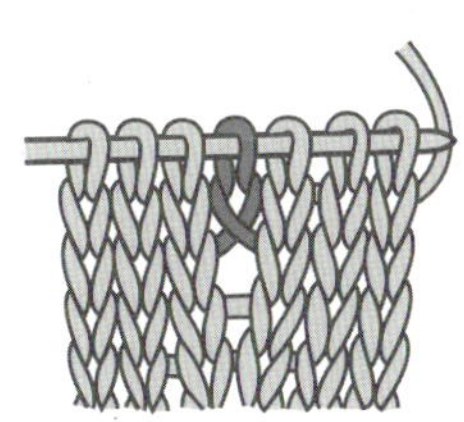

3. 감아코 만들기 완성.

캔디 컬러 집업 후디 Colorful Zip-Up Hoodie

산뜻한 캔디 컬러와 흰색 파이핑 라인의 조화가 돋보이는 경쾌한 느낌의 운동복으로
화려한 컬러 때문에 입는 사람은 물론 보는 사람의 기분도 저절로 '업'시키는 효과가 있는
특별한 손뜨개 작품이다.

난이도 : ●●●●○
주요 기법 : 파이핑 자수 장식하기, 어슷 주머니 만들기, 코바늘로 가로 잇기
실 소요량 : 면 혼방 트위드실 캔디 컬러 500g(5타래), 면 혼방실 흰색 50g(1타래)
바늘 : 3.5 & 4mm
게이지 : 18코 27단
완성 치수 : 가슴둘레 92cm, 길이 60cm
부속 재료 : 지퍼

1. 뒤판을 만든다.
2. 어슷 주머니와 함께 양쪽 앞판을 만든다.
3. 좌우 대칭이 되도록 오른쪽 왼쪽 소매를 만든다.
   이때 흰색 파이핑(Piping) 자수를 놓을 두 군데에 1코씩 안뜨기편 2줄을 만든다.
4. 앞판, 뒤판, 소매 등의 조각들을 이은 다음, 목둘레선에서 총 94코를 주워 후드를 만든다.
5. 몸판보다 한 치수 가는 3.5mm 바늘과 흰색 실로 총 364코를 주워 2X2 고무뜨기로 앞단을 만든다.
6. 코바늘을 이용해 흰색 실로 소매의 안뜨기 줄과 어깨 이음선을 따라 사슬뜨기를 해 파이핑 장식을 한다.
7. 흰색 실로 코를 주워 어슷 주머니 입술을 만든다.
8. 재봉틀을 이용해 지퍼를 단다.

TIP

소매의 파이핑 라인이 넓어지는 소매통을 따라 자연스럽게 벌어지도록, 소매의 코를 늘려줄 때
안뜨기선 안쪽과 옆선에서 번갈아가며 늘린다.

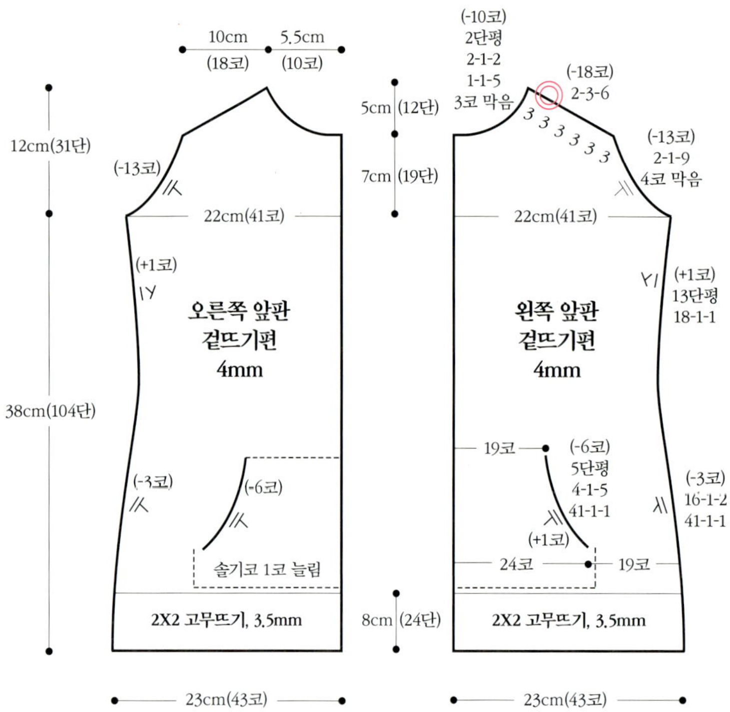
10cm
(18코)
5.5cm
(10코)
12cm(31단)
38cm(104단)
(-13코)
22cm(41코)
(+1코)
(-3코)
(-6코)
솔기코 1코 늘림
오른쪽 앞판
겉뜨기편
4mm
2X2 고무뜨기, 3.5mm
23cm(43코)
5cm (12단)
7cm (19단)
8cm (24단)
(-10코)
2단평
2-1-2
1-1-5
3코 막음
(-18코)
2-3-6
3 3 3 3 3 3
(-13코)
2-1-9
4코 막음
22cm(41코)
(+1코)
13단평
18-1-1
왼쪽 앞판
겉뜨기편
4mm
19코
(-6코)
5단평
4-1-5
41-1-1
(+1코)
(-3코)
16-1-2
41-1-1
24코
19코
2X2 고무뜨기, 3.5mm
23cm(43코)

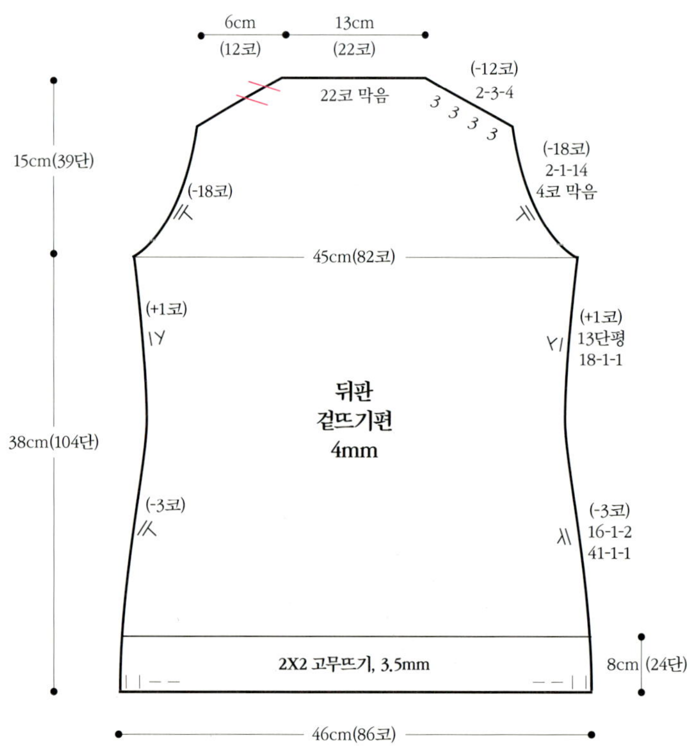
6cm
(12코)
13cm
(22코)
22코 막음
(-12코)
2-3-4
3 3 3 3
15cm(39단)
(-18코)
(-18코)
2-1-14
4코 막음
45cm(82코)
38cm(104단)
(+1코)
(+1코)
13단평
18-1-1
뒤판
겉뜨기편
4mm
(-3코)
(-3코)
16-1-2
41-1-1
2X2 고무뜨기, 3.5mm
8cm (24단)
46cm(86코)

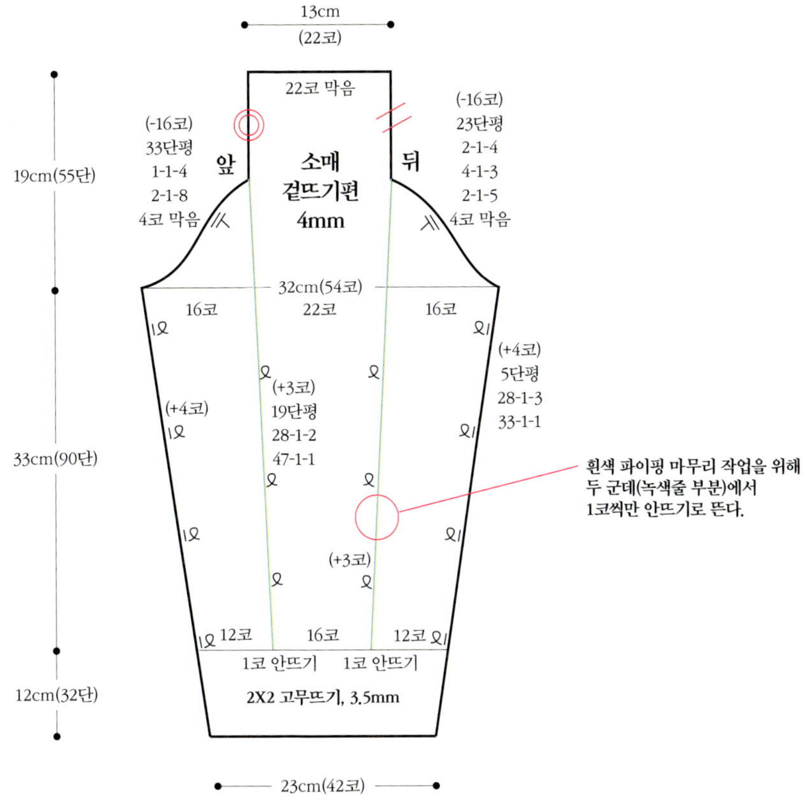

어슷 주머니 만들기

1. 41단에서 옆선 쪽에서 1코 줄이고 남은 18코는 쉼코로 둔 다음, 나머지 24코만 이용해 주머니를 만든다.
2. 주머니 입술 쪽에 솔기코 1코를 꼬아뜨기로 늘려서 25코로 만든 다음, 그림대로 6코를 줄이며 26단을 뜬 후 주머니 바깥 부분 19코는 쉼코로 남겨 둔다.
3. 밑단과 경계지점인 25단에서 앞판 안쪽 면을 바라보고 앞단 쪽에서 총 26코를 주워 주머니 속지를 만들기 시작한다.
4. 16단을 겉뜨기편으로 뜬 다음, 42번째 단에서 쉼코로 남겨 둔 18코와 연결해 한판으로 만든다.
   이 때, 몸판 쉼코와 주머니 속지의 연결 부위에서 2코를 연이어 겹쳐 떠서 연결 부분을 튼튼하게 잇는다.
5. 90페이지 앞판 그림의 지시대로 옆선에서 코줄임하면서 25단을 더 만들어 주머니 속지와 몸판 옆선 부분을 완성한다.
6. 주머니 바깥 부분을 만든 19코 쉼코를 41코 주머니 속지 뜨개판 앞쪽으로 겹쳐놓고 19코를 주머니 속지 쉼코와 한꺼번에 겹쳐 뜨며 한판으로 잇는다.
7. 흰색 실과 3.5mm 바늘로 28코를 주워 2X2 고무뜨기로 4단을 뜬 후에 둥근코막음을 해 어슷 주머니 입술을 만든다.

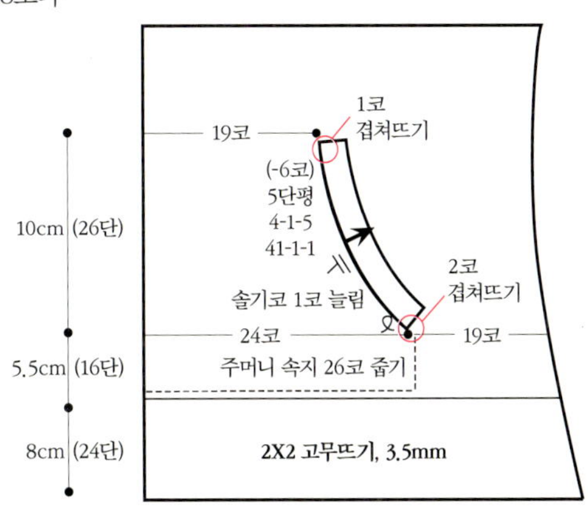

후드 만들기(겉뜨기편, 4mm)

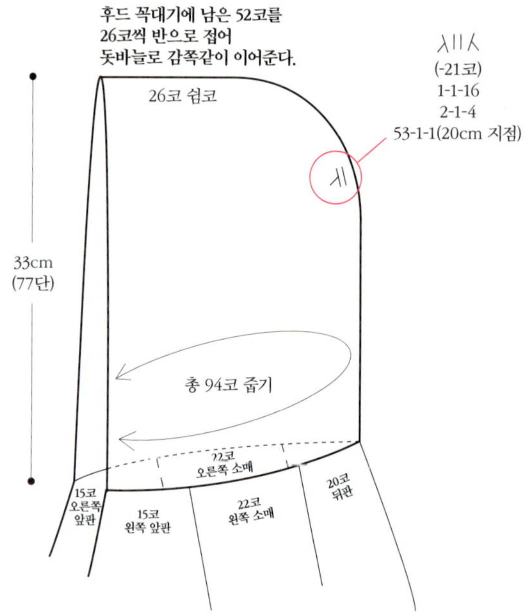

앞단 만들기(2X2 고무뜨기, 3.5mm, 흰색)

오른쪽 앞판 밑단에서 시작해 후드 가장자리를 가로질러 왼쪽 앞판 밑단까지 총 364코를 주워 2X2 고무뜨기로 9단을 뜬 다음, 시작 단 주움코의 안쪽 고리와 함께 뜨면서 코를 막아 앞단을 반으로 접어 마무리한다.

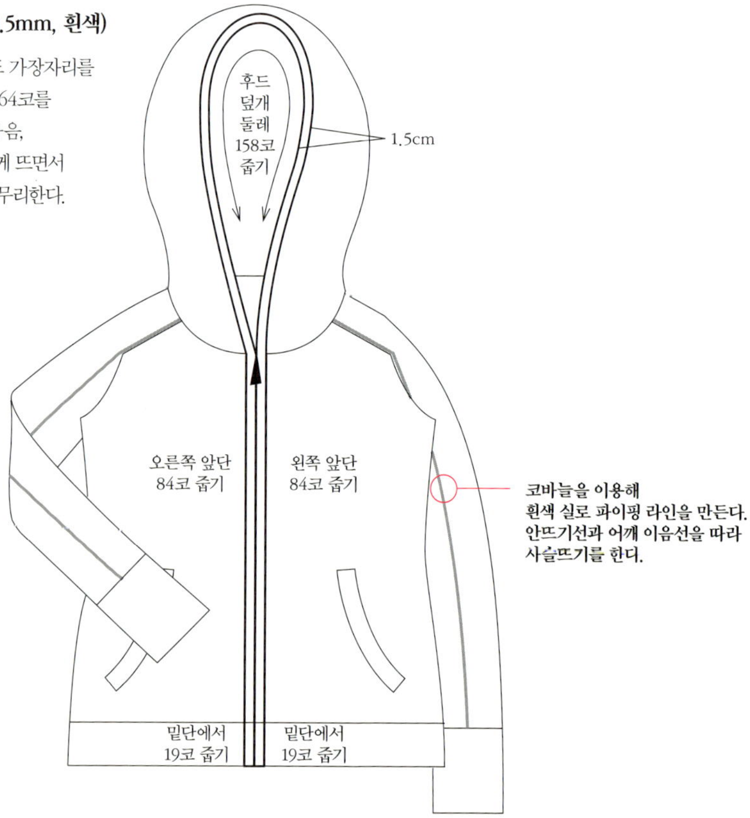

후드 탑 가로 잇기

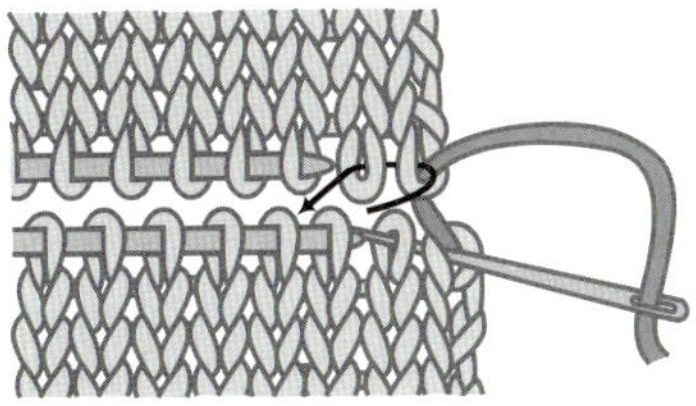

1. 이을 실이 달려 있는 쪽의 첫 코와 반대편 첫 코에 차례대로 뒤에서 앞쪽으로 실을 빼준 다음, 그림과 같이 아래쪽의 2코에 돗바늘을 넣어 실을 통과시킨다.

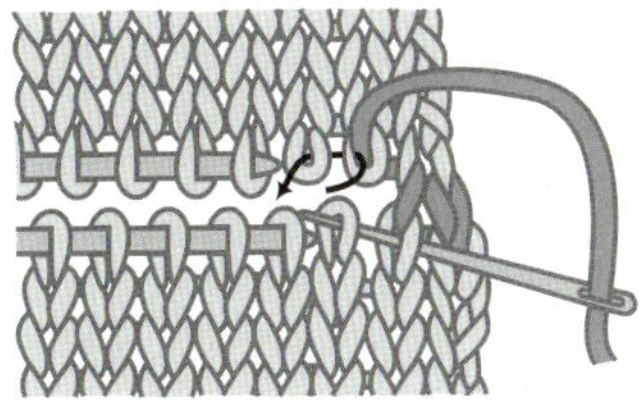

2. 화살표 방향처럼 항상 바늘을 바깥 면에서 넣고, 바깥 면으로 나오도록 움직이며, 1개의 코에 2번씩 들락날락거린다.

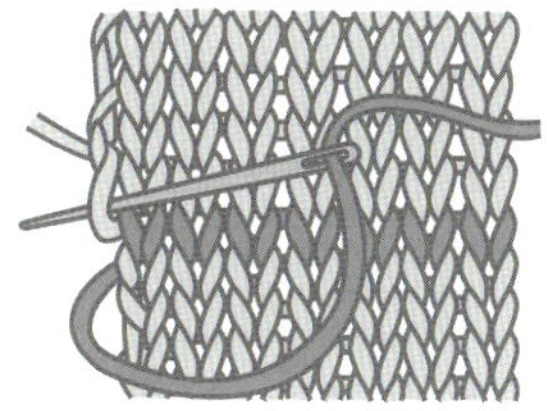

3. 마지막 코도 바늘이 2번 들어가도록 마무리하고 나면, 양쪽 가장자리가 반 코씩 어긋나게 된다.

파이핑 자수 장식하기

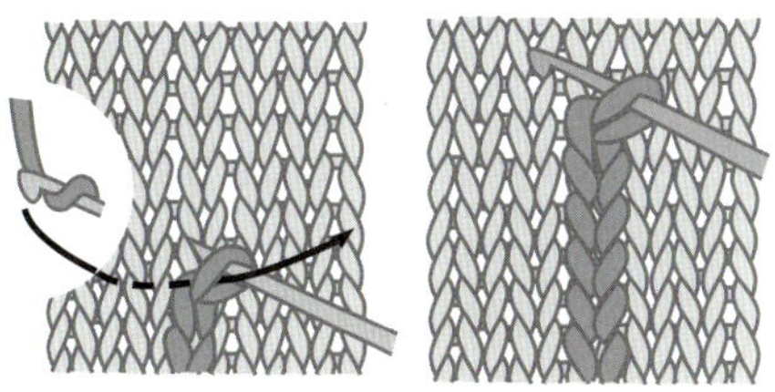

겉뜨기선

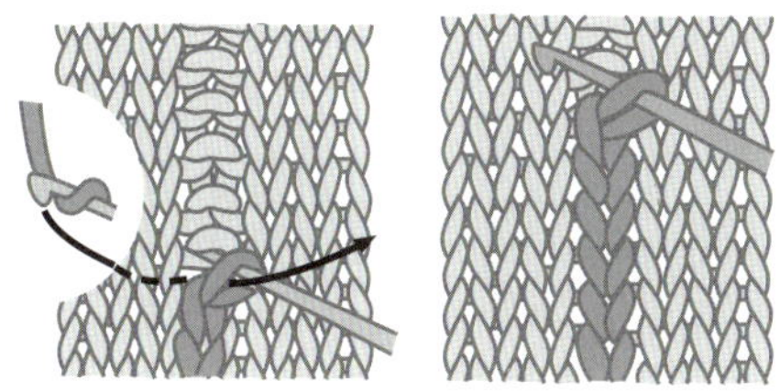

안뜨기선

스타일리시 롱 카디건 Pleated Stylish Cardigan

카디건 뒤쪽의 아래 몸판 고무뜨기와 맞주름이 잡힌 위 몸판의 이색적인 조화가
독특한 뒷모습을 만들어낸다. 전체적으로 사용한 2가지 색상의 조화와
자연스럽게 흘러내리는 앞 목선 디자인이 상당히 멋스럽다.

난이도 : ●●●●○
주요 기법 : 뒤 중심부터 가로 방향으로 떠나가기
실 소요량 : 알파카 혼방실 파란색 300g(6타래), 하늘색 200g(4타래)
바늘 : 4 & 5mm
게이지 : 17코 24단
완성 치수 : 가슴둘레 124cm, 길이 71cm

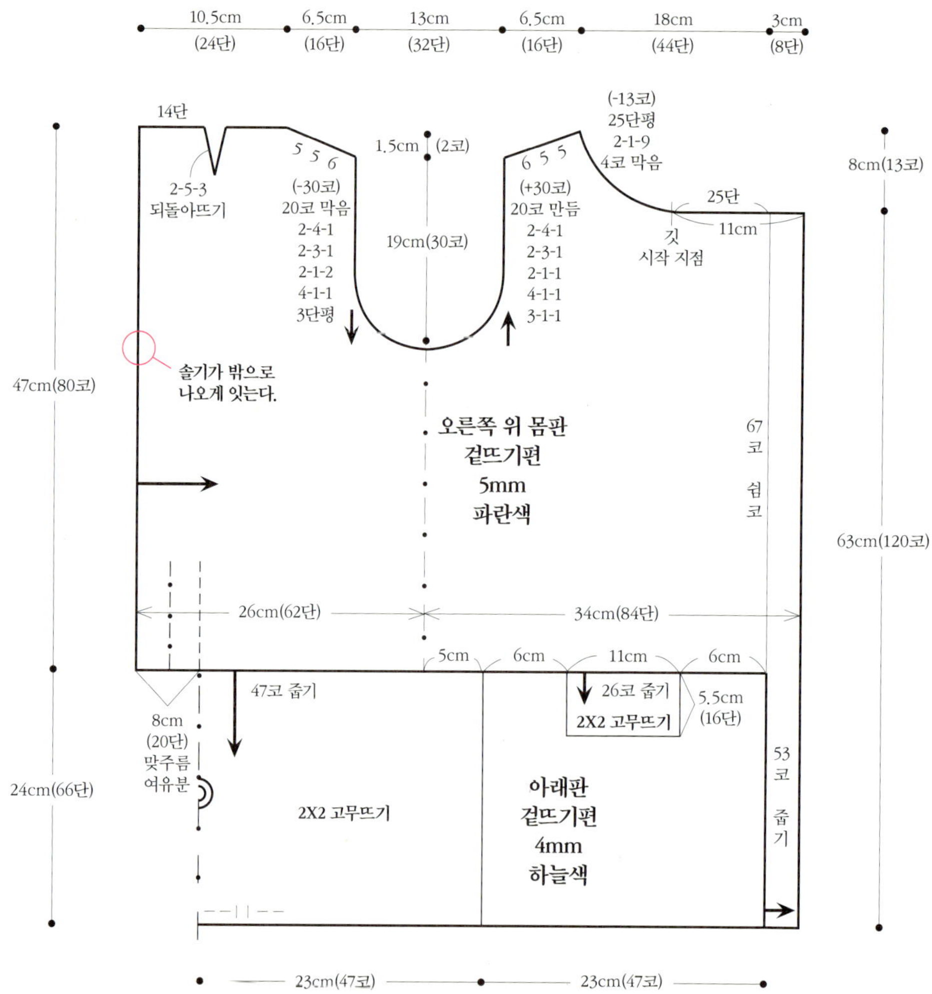

10.5cm (24단)
6.5cm (16단)
13cm (32단)
6.5cm (16단)
18cm (44단)
3cm (8단)
14단
2-5-3
되돌아뜨기
5 5 6
(-30코)
20코 막음
2-4-1
2-3-1
2-1-2
4-1-1
3단평
1.5cm (2코)
19cm(30코)
6 5 5
(+30코)
20코 만듬
2-4-1
2-3-1
2-1-1
4-1-1
3-1-1
(-13코)
25단평
2-1-9
4코 막음
25단
11cm
깃
시작 지점
8cm(13코)
47cm(80코)
솔기가 밖으로
나오게 잇는다.
오른쪽 위 몸판
겉뜨기편
5mm
파란색
67
코
줍
코
63cm(120코)
26cm(62단)
34cm(84단)
5cm
6cm
11cm
6cm
47코 줍기
26코 줍기
2X2 고무뜨기
5.5cm
(16단)
8cm
(20단)
맞주름
여유분
53
코
줍
기
24cm(66단)
2X2 고무뜨기
아래판
겉뜨기편
4mm
하늘색
23cm(47코)
23cm(47코)

뒤 중심 맞주름 부분

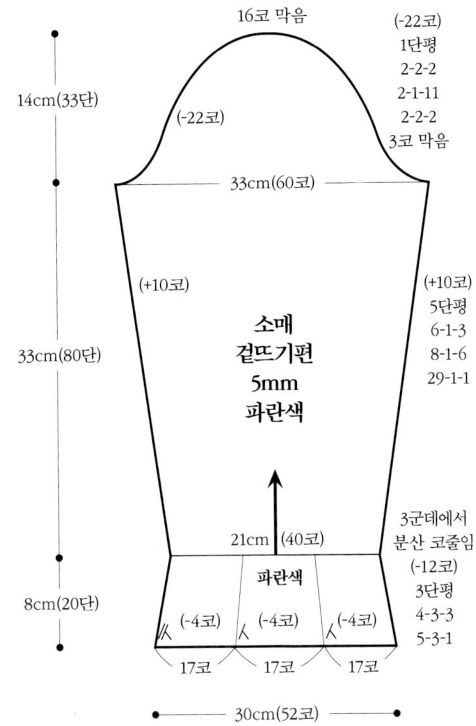

1. 5mm 바늘로 뒤 중심부터 시작해 오른쪽과 왼쪽 위 몸판 2조각을 만든 다음, 바늘에 남은 67코는 앞단 작업을 위해 쉼코로 둔다. 이때, 어깨에 되돌아뜨기 기법으로 다트를 만들어 카디건을 입체적으로 만든다.
2. 소맷부리가 나팔 모양인 소매를 2조각 만든다.
3. 뒤 중심의 솔기가 바깥으로 나오도록 돗바늘로 좌우 몸판을 잇는다.
4. 주름이 뒤 중심을 향하도록 이등분해 접어서 3.5cm 깊이의 맞주름을 만든 후, 돗바늘로 꿰매어 고정시킨다.
5. 양쪽 위 몸판 아래쪽 가장자리에서 옆선의 이음새가 없도록 동시에 코를 주워 아래판을 만든다.
6. 아래판 주움코와 위 몸판 쉼코를 합쳐 120코를 만들어 2X2 고무뜨기로 앞단을 뜬다.
7. 돗바늘로 소매 옆선을 이은 다음, 소매를 몸판에 잇는다.
8. 몸판 안쪽 면을 바라보고 94코를 주워 2X2 고무뜨기로 깃을 만든다.
   이 때, 양쪽 가장자리에서 코를 늘려 깃이 자연스럽게 젖히도록 만든다.
9. 파란색 실로 아래판의 지정된 위치에서 코를 주워 주머니 덮개를 만든다.

아래판 만들기(겉뜨기편과 2X2 고무뜨기, 4mm, 하늘색)

1. 위 몸판의 바깥 면을 바라보고 아래쪽 가장자리에서 6단 정도마다 5코를 줍는 비율로 188코를 줍는다.
2. 가운데 94코는 2X2 고무뜨기로, 양 가장자리 47코는 겉뜨기편으로 66단을 만든다.
3. 68단(안쪽 면)에서 안뜨기로 코를 막으며 아래판을 마무리한다.

앞단 만들기(2X2 고무뜨기, 4mm, 파란색)

몸판의 쉼코 67코와 아래판 옆면에서 주운 53코를 더해 총 120코를 만든 다음, 겉뜨기 3코로 시작해 겉뜨기 3코로 끝나도록 2X2 고무뜨기로 6단을 뜬 후 무늬대로 뜨면서 코를 막는다.

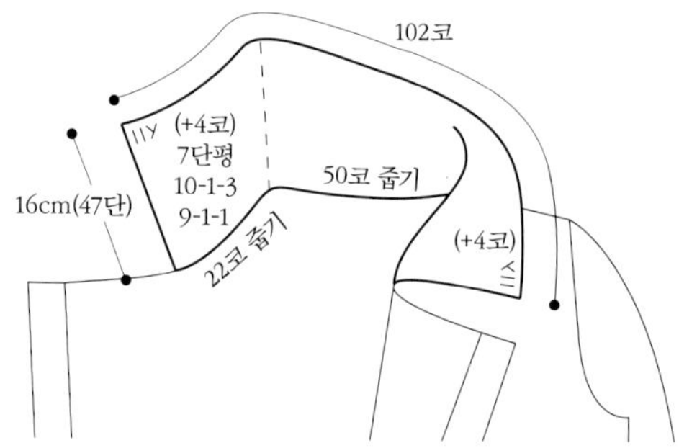

깃 만들기(2X2 고무뜨기, 4mm, 하늘색)

몸판 안쪽 면을 바라보고, 양쪽 앞목둘레에서 22코씩, 뒷목둘레에서 50코를 주워 총 94코를 만든다. 2X2 고무뜨기로 45단을 뜨는 동안 깃 양쪽 가장자리 2코 안쪽에서 각각 4코씩 코를 늘려 깃의 젖혀진 모양을 자연스럽게 만든 다음, 깃의 바깥 면에서 코를 막는다.

나팔 소맷단 만들기(겉뜨기편, 4mm, 파란색)

52코를 만들어 4단을 뜬 후 5번째 단에서 17코 간격으로 3군데에서 각각 1코씩 분산 코줄임을 시작한다. 4단마다 3코씩 3번을 더 반복해 총 12코의 분산 코줄임을 하면 나팔 모양의 소맷부리가 만들어진다.

주머니 덮개 만들기(2X2 고무뜨기, 4mm, 파란색)

아래판 겉뜨기편 가운데 지점에 있는 아래판과 연결된 위 몸판 부분 26단에서 26코를 주워 2X2 고무뜨기로 16단을 떠서 마치 주머니가 달려 있는 듯한 장식 효과를 낸다.

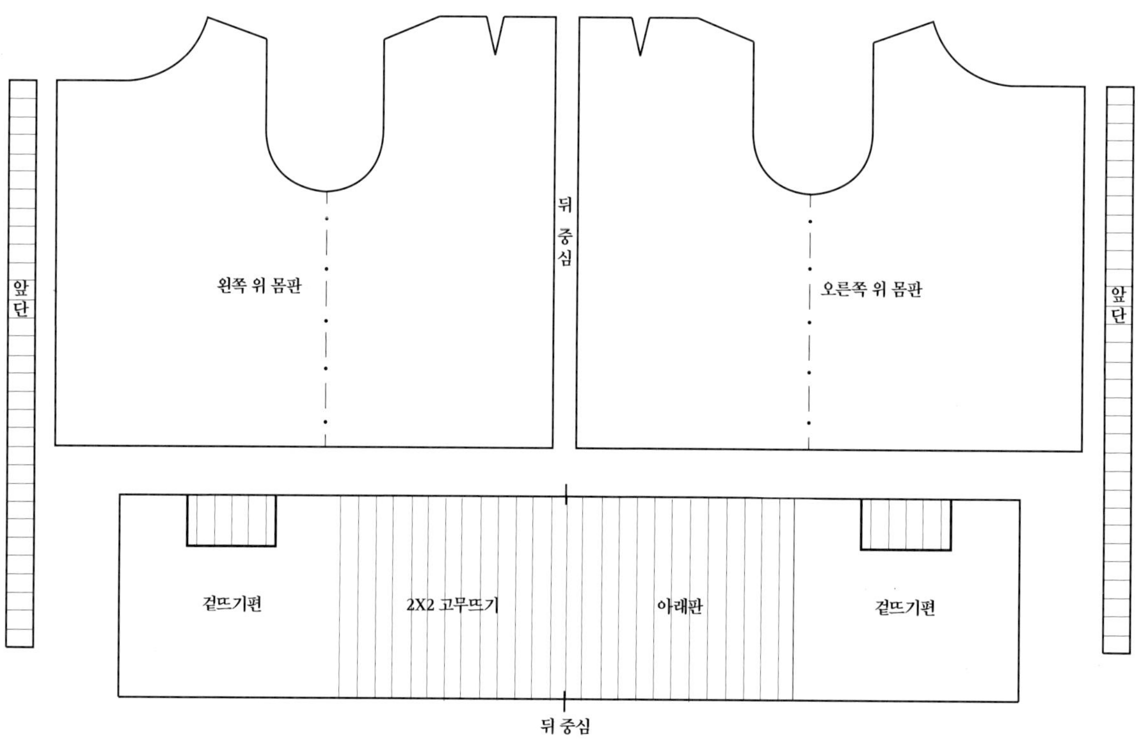

패치워크 카디건 Patchwork Cardigan

전통적인 느낌의 정사각형 모티프(Motif)를 이어서 앞단과 소맷단에 배치해
우아하면서도 독특한 멋을 살린 오리엔탈풍 카디건이다.

난이도 : ●●●●○
주요 기법 : 모티프 만들기
실 소요량 : 양모실 회색 500g(10타래), 양모 혼방실 보라 복합색 50g(1타래)
바늘 : 3.5 & 4mm
게이지 : 겉뜨기편 22코 30단, 뒤판 2X8 고무뜨기 24코 30단
완성 치수 : 가슴둘레 86cm, 길이 55cm
부속 재료 : 단추(2cm) 7개

1. 오른쪽 앞판용 모티프 6개, 소매용 모티프 10개를 먼저 만든다.
2. 앞판 모티프를 돗바늘을 이용해 세로로 길게 잇는다.
3. 소매 모티프를 5개씩 나란히 이어서 2개의 가로 띠를 만든다.
4. 뒤판을 만든다.
5. 오른쪽 앞판을 만든다. 이때 고무뜨기로 22단을 뜬 후 23단에서 18코를 쉼코로 두고,
   그 다음 코에서 꼬아뜨기로 솔기코 1코를 늘려준 후 나머지 45코를 겉뜨기한다.
6. 오른쪽 앞판을 완성한 다음, 늘려준 솔기코와 모티프 세로 띠를 돗바늘로 잇는다.
   그 다음에 쉼코 18코와 6번째 모티프의 아래쪽을 돗바늘로 감쪽같이 잇는다.
7. 왼쪽 앞판을 만든다.
8. 소매 모티프 가로 띠 위쪽에서 70코를 주워 소매를 만든다.
9. 소매 모티프 가로 띠 아래쪽에서 70코를 주워 8단을 안뜨기한 후 안뜨기로 코막음해 이랑뜨기로 소맷단을 마무리한다.
10. 앞단은 앞뒤 몸판과 소매를 이어준 다음 양쪽 앞단에서 각각 119코를 주워 12단 2X3 고무뜨기로 뜬다.
    이때 오른쪽 앞단에는 18코 간격으로 2코 단춧구멍을 6개를 만든다.
11. 목둘레를 따라 129코를 주워 24단 동안 2X3 고무뜨기로 깃을 만든다. 이 때 13번째 단에서 단춧구멍을 만들어준다.

TIP

1. 정사각형 모티프를 만들 때, 소매 모티프는 31코 30단 무늬뜨기로 만들어 37코 36단 무늬뜨기를 한 앞판 모티프보다
   조금 작게 만든다.
2. 깃을 만들 때, 3.5mm로 11단을 뜬 후, 한 치수 가는 3mm 바늘로 바꾸어 11단 더 뜬 다음에
   코를 막으면 몸에 더 잘 맞으며 착용감이 좋아진다.

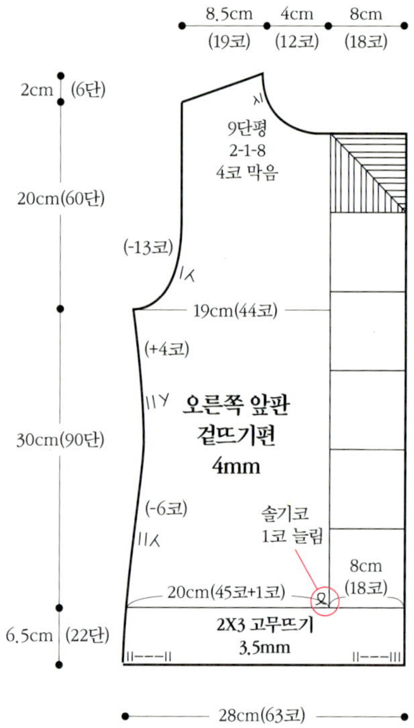
8.5cm (19코) 4cm (12코) 8cm (18코)
2cm (6단)
20cm(60단)
30cm(90단)
6.5cm (22단)
9단평
2-1-8
4코 막음
(-13코)
19cm(44코)
(+4코)
오른쪽 앞판
겉뜨기편
4mm
(-6코)
솔기코
1코 늘림
8cm
(18코)
20cm(45코+1코)
2X3 고무뜨기
3.5mm
28cm(63코)

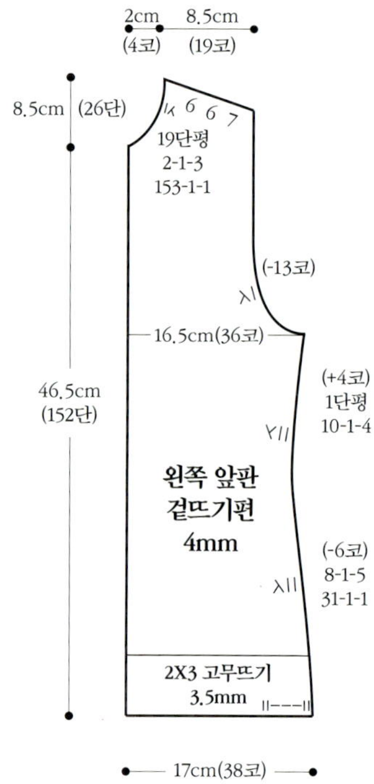
2cm (4코) 8.5cm (19코)
8.5cm (26단)
46.5cm
(152단)
19단평
2-1-3
153-1-1
(-13코)
16.5cm(36코)
(+4코)
1단평
10-1-4
왼쪽 앞판
겉뜨기편
4mm
(-6코)
8-1-5
31-1-1
2X3 고무뜨기
3.5mm
17cm(38코)

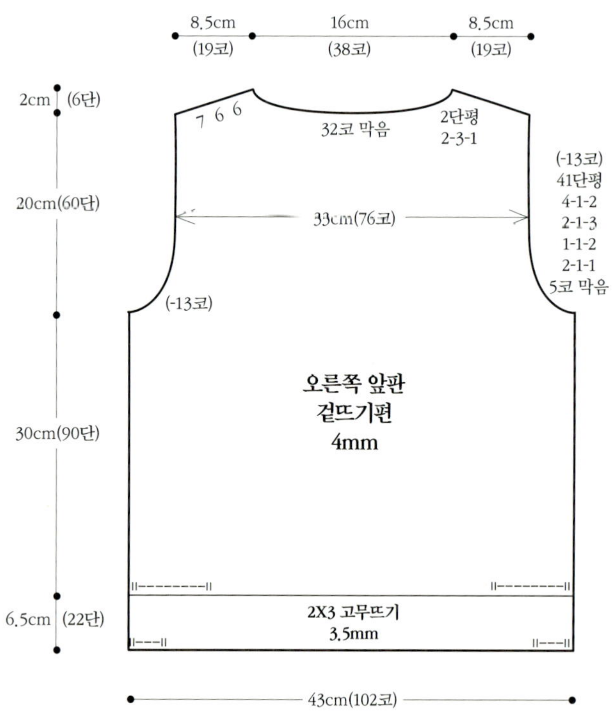
8.5cm (19코) 16cm (38코) 8.5cm (19코)
2cm (6단)
20cm(60단)
30cm(90단)
6.5cm (22단)
32코 막음
2단평
2-3-1
(-13코)
41단평
4-1-2
2-1-3
1-1-2
2-1-1
5코 막음
33cm(76코)
(-13코)
오른쪽 앞판
겉뜨기편
4mm
2X3 고무뜨기
3.5mm
43cm(102코)

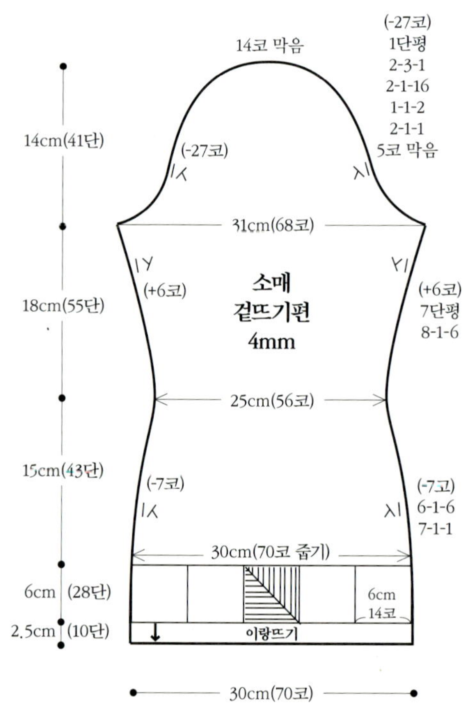
14코 막음
(-27코)
1단평
2-3-1
2-1-16
1-1-2
2-1-1
5코 막음
14cm(41단)
(-27코)
31cm(68코)
18cm(55단)
(+6코)
소매
겉뜨기편
4mm
(+6코)
7단평
8-1-6
25cm(56코)
15cm(43단)
(-7코)
(-7코)
6-1-6
7-1-1
30cm(70코 줍기)
6cm (28단)
6cm
14코
2.5cm (10단)
이랑뜨기
30cm(70코)

앞단과 깃 만들기(2X3 고무뜨기, 3.5mm)

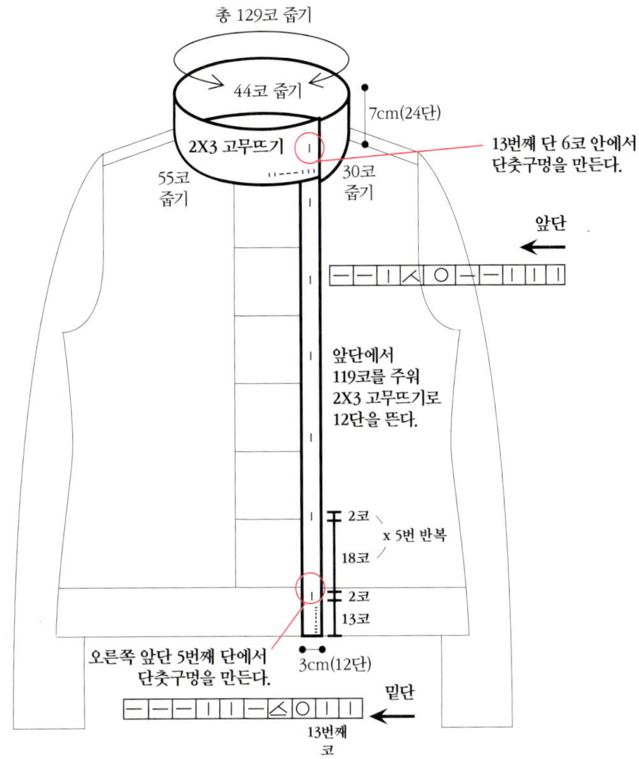

앞판 모티프 만들기(37코 36단, 4mm) 6개

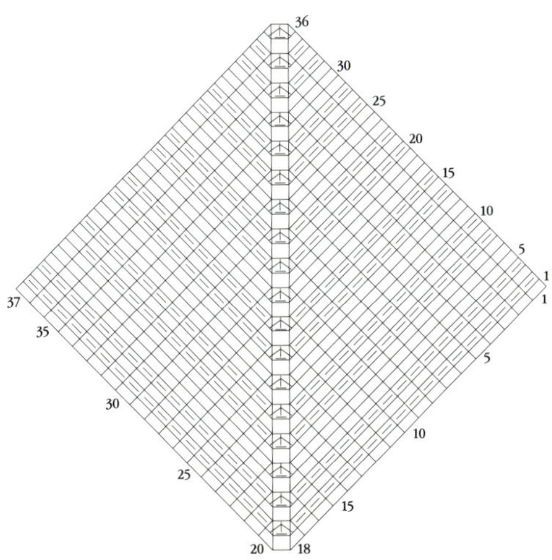

소매 모티프 만들기(31코 30단, 4mm) 10개

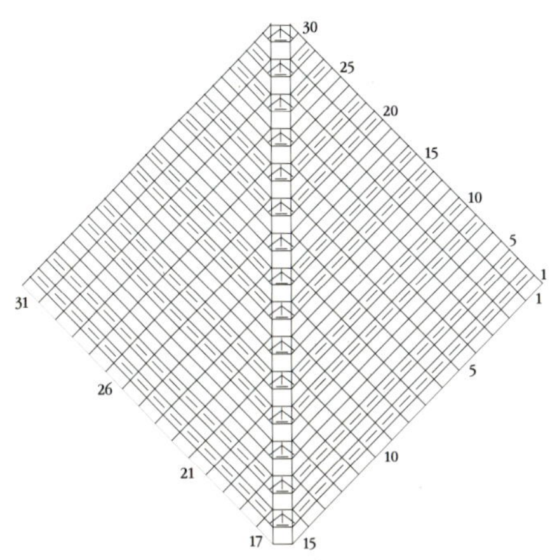

아방가르드 카디건 Avant-Garde Cardigan

독특한 구성으로 아방가르드한 실루엣을 만들어낸 세련된 느낌의 스웨터로
스타일링에 따라 다양한 느낌으로 연출할 수 있다.

난이도 : ●●●●○
주요 기법 : 드롭 스티치
실 소요량 : 알파카실 하늘색 800g(16타래)
바늘 : 4mm
게이지 : 24코 30단
완성 치수 : 가슴둘레 96cm 길이 50cm

1. 양쪽 앞판과 양쪽 앞단, 뒤판과 뒤판 아랫단 부분, 소매 2장 등 모든 부분을 각각 완성한다.
2. 뒤판과 뒤판 아랫단을 돗바늘로 잇는다.
3. 앞판과 뒤판의 옆선과 어깨선을 돗바늘로 잇는다. 이때 앞판의 아래쪽 일부분(도안의 분홍색 선)을 뒤판 아랫단과 12cm 정도 잇는다.
4. 오른쪽 앞판과 앞단, 왼쪽 앞단과 앞판을 각각 돗바늘로 잇는다.
5. 2조각의 앞단을 돗바늘로 잇는다.
6. 앞단 2조각의 이음새가 뒷목 중심에 오도록 마주대고, 뒷목둘레와 앞판 가장자리를 따라 앞단과 앞판을 잇는다.
7. 소매 옆선을 잇고, 완성된 몸판에 소매를 단다.

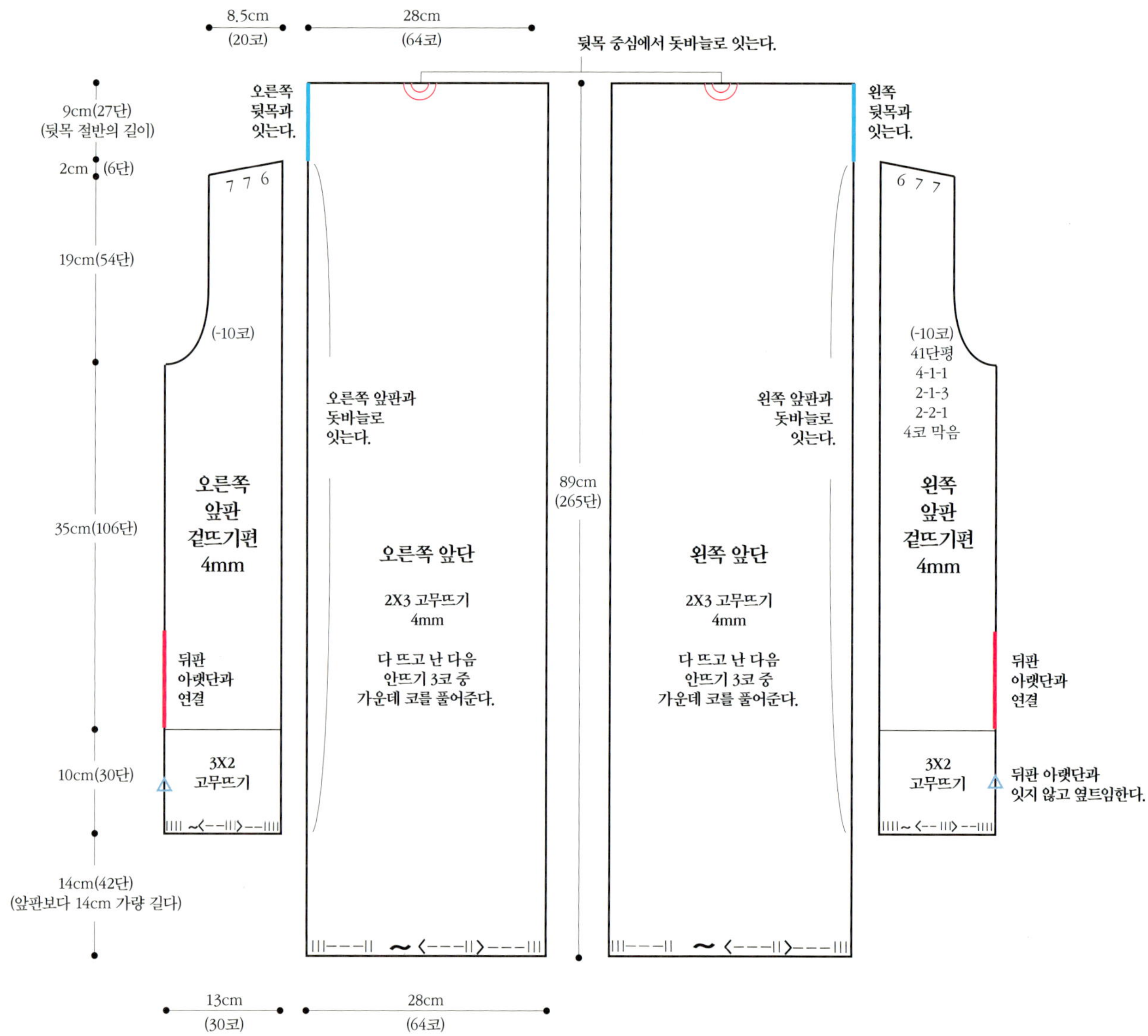
8.5cm
(20코)
28cm
(64코)
뒷목 중심에서 돗바늘로 잇는다.
9cm(27단)
(뒷목 절반의 길이)
2cm (6단)
19cm(54단)
35cm(106단)
10cm(30단)
14cm(42단)
(앞판보다 14cm 가량 길다)
오른쪽
뒷목과
잇는다.
7 7 6
(-10코)
오른쪽
앞판
겉뜨기편
4mm
뒤판
아랫단과
연결
3X2
고무뜨기
오른쪽 앞판과
돗바늘로
잇는다.
오른쪽 앞단
2X3 고무뜨기
4mm
다 뜨고 난 다음
안뜨기 3코 중
가운데 코를 풀어준다.
89cm
(265단)
왼쪽 앞판과
돗바늘로
잇는다.
왼쪽 앞단
2X3 고무뜨기
4mm
다 뜨고 난 다음
안뜨기 3코 중
가운데 코를 풀어준다.
왼쪽
뒷목과
잇는다.
6 7 7
(-10코)
41단평
4-1-1
2-1-3
2-2-1
4코 막음
왼쪽
앞판
겉뜨기편
4mm
뒤판
아랫단과
연결
3X2
고무뜨기
뒤판 아랫단과
잇지 않고 옆트임한다.
13cm
(30코)
28cm
(64코)

50코를 만들고 5단 3X2 고무뜨기로 뜬 다음, 7단에서 소매둘레 쪽에서 2코를 늘려주면서 소매둘레 모양내기를 시작한다. 2단마다 3코, 5코, 5코씩 13코를 늘려준 다음, 27코를 한꺼번에 만들어 총 42코를 늘려준다.

8단을 뜨고 9단에서 1코를 늘린 다음, 다시 8번째 단에서 1코를 늘려 94코를 만든다. 10단을 그대로 뜬 다음, 1코를 줄이며 왼편 뒤 목선 모양을 낸다. 4번째 단에서 다시 1코를 더 줄인 후 38단을 그대로 뜬다.

뒷목 중앙의 38단을 뜬 다음, 1코를 늘리고 4단을 뜬 후 다시 1코를 늘리며 오른편 뒤 목선 모양을 낸다. 9단을 그대로 뜬 다음, 10번째 단에서 1코를 줄이고 다시 8번째 단에서 1코를 줄인 후 8단 그대로 뜨면서 92코로 어깨선 모양을 낸다.

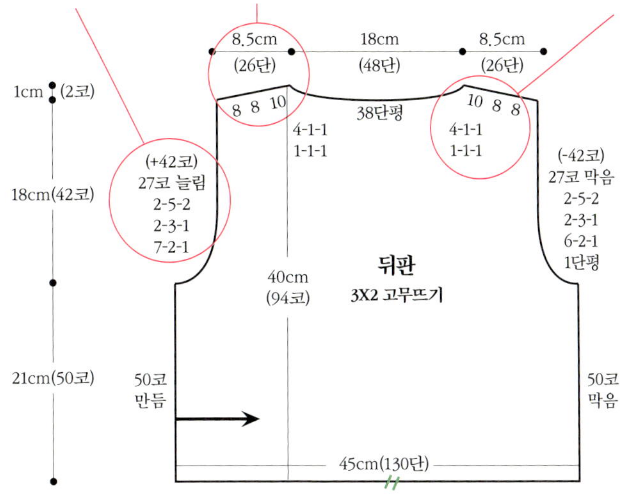

돗바늘로 잇는다.

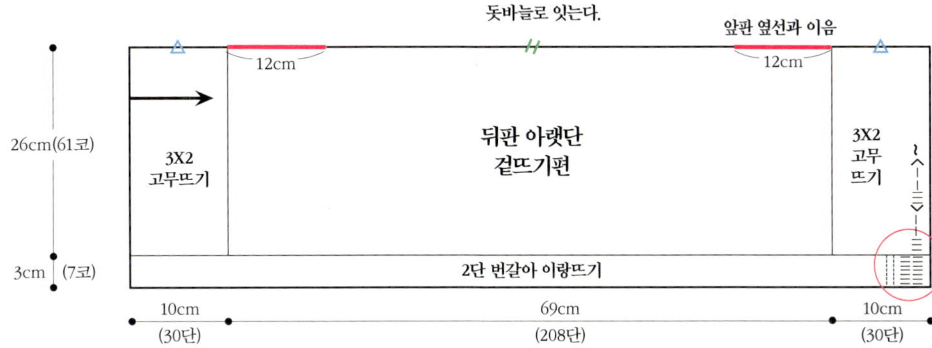

2단 번갈아 이랑뜨기
7코 4단 반복
1단(바깥 면) : 겉뜨기
2단(안쪽 면) : 안뜨기
3단(바깥 면) : 안뜨기
4단(안쪽 면) : 겉뜨기

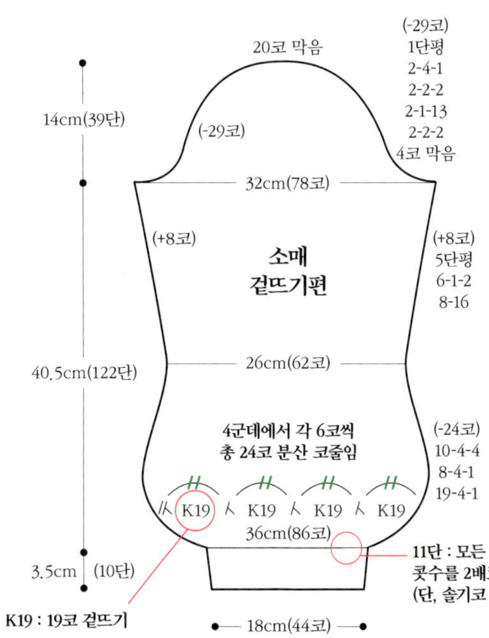

11단 : 모든 코에서 꼬아뜨기로 코를 늘려 콧수를 2배로 늘린다(44코 → 86코). (단, 솔기코 제외)

K19 : 19코 겉뜨기

무스탕 라이더 재킷 Rider Jacket

양털 느낌의 부클레실로 밑단과 앞단, 라펠과 깃 등을 장식해
완벽하게 무스탕 재킷의 느낌을 재현했다.

난이도 : ●●●●●
주요 기법 : 라펠 만들기, 사슬뜨기 자수 장식하기
실 소요량 : 부클레얀 양털색 300g(3타래), 양모 트위드실 회갈색 500g(5타래)
바늘 : 6mm
게이지 : 14코 19단
완성 치수 : 가슴둘레 90cm, 길이 53cm
부속 재료 : 막대단추와 가죽고리

1. 뒤판을 만든다.
2. 양쪽 앞판을 만든다.
3. 양쪽 소매를 만든다.
4. 앞뒤판, 소매 등 만든 조각들을 잇는다.
5. 밑단을 만든다.
6. 앞단을 만든다.
7. 라펠을 만든다.
8. 깃을 만든다.
9. 앞판 1코 세움줄에 자수 장식을 한다.
10. 막대단추와 가죽 고리를 단다.

오른쪽 앞판

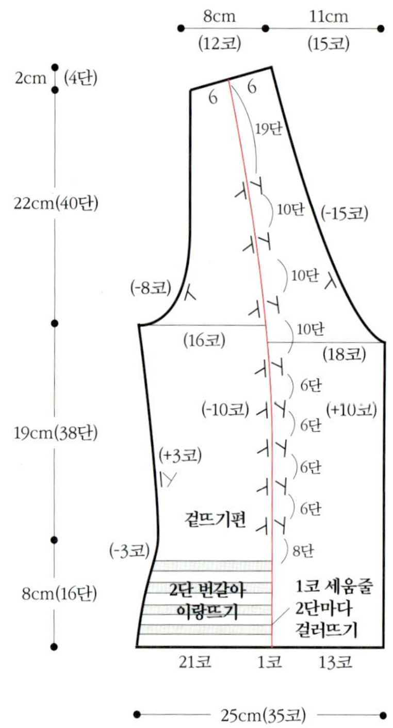

왼쪽 앞판

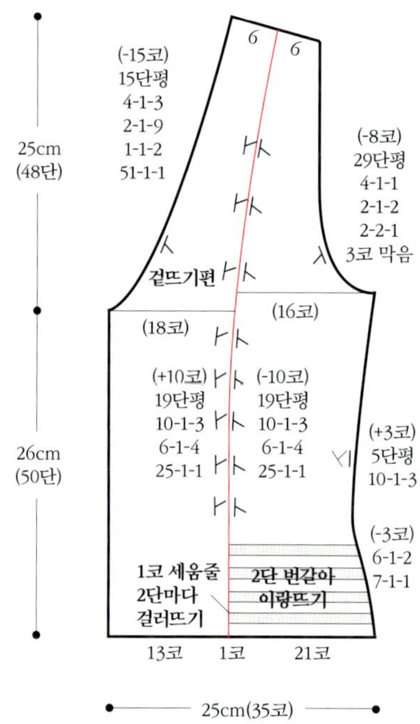

색칠한 부분 : 겉뜨기편과 안뜨기편이 2단씩 번갈아 이랑진 무늬뜨기 중 안뜨기편이 2단 바깥으로 나온 이랑 부분으로 총 4개의 안뜨기 이랑을 만든다.

앞판 1코 세움줄 만들기(분홍색 선)

바깥 면에서 걸러뜨기, 안쪽 면에서 안뜨기로 2단을 번갈아가며 떠서 입체적으로 도드라진 세움줄을 만든다.

한쪽에서는 코를 늘려주고, 동시에 반대쪽에서는 코를 줄여 몸판을 따라 1코 세움줄이 자연스럽게 소매쪽으로 구부러지도록 만든다.

왼편 앞판 상세 도안 읽기

1단 : 6mm 바늘로 35코를 만든다.

2단(안쪽 면) : 모두 안뜨기를 한다.

3단(바깥 면) : 21코 안뜨기, 1코 실 뒤에 두고 걸러뜨기, 13코 겉뜨기를 한다.

4단 : 13코 안뜨기, 1코 안뜨기, 21코 겉뜨기를 한다.

5단 : 21코 겉뜨기, 1코 걸러뜨기, 13코 겉뜨기를 한다.

6단 : 모두 안뜨기를 한다.

7단 : 처음 2코오른코겹쳐안뜨기, 19코 안뜨기, 1코 실 뒤에 두고 걸러뜨기, 13코 겉뜨기를 해 옆선에서 1코를 줄인다(34코).

8단 : 13코 안뜨기, 1코 안뜨기, 20코 겉뜨기를 한다.

9단 : 20코 겉뜨기, 1코 걸러뜨기, 13코 겉뜨기를 한다.

10단 : 모두 안뜨기를 한다.

11단 : 20코 안뜨기, 1코 걸러뜨기, 13코 겉뜨기를 한다.

12단 : 13코 안뜨기, 1코 안뜨기, 20코 겉뜨기를 한다.

13단 : 처음 2코오른코겹치기, 18코 겉뜨기, 1코 걸러뜨기, 13코 겉뜨기를 해 옆선에서 1코를 줄인다(33코).

14단 : 모두 안뜨기를 한다.

15단 : 19코 안뜨기, 1코 걸러뜨기, 13코 겉뜨기를 한다.

16단 : 13코 안뜨기, 1코 안뜨기, 19코 겉뜨기를 한다.

17단 : 19코 겉뜨기, 1코 걸러뜨기, 13코 겉뜨기를 한다.

18단 : 모두 안뜨기를 한다.

19단 : 처음 2코오른코겹치기, 17코 겉뜨기, 1코 걸러뜨기, 13코 겉뜨기를 해 옆선에서 1코를 줄여준다(32코).

20~24단 : 지정된 위치에서 1코 세움줄을 만들어주고 콧수 변화 없이 겉뜨기를 한다.

25단 : 16코 겉뜨기, 다음 2코왼코겹치기, 1코 걸러뜨기, 오른코늘리기, 나머지 13코 겉뜨기를 한다(32코, 25-1-1).
26단 : 모두 안뜨기를 한다.
27단 : 17코 겉뜨기, 1코 걸러뜨기, 14코 겉뜨기를 한다(32코).
28단 : 모두 안뜨기를 한다.
29단 : 첫 코 겉뜨기, 오른코늘리기, 16코 겉뜨기, 1코 걸러뜨기, 14코 겉뜨기를 한다(33코).
30단 : 모두 안뜨기를 한다.
31단 : 16코 겉뜨기, 다음 2코 왼코겹치기, 1코 걸러뜨기, 오른코늘리기, 14코 겉뜨기를 한다(33코, 6-1-1).
32단 : 모두 안뜨기를 한다.
33단 : 17코 겉뜨기, 1코 걸러뜨기, 15코 겉뜨기를 한다(33코).
34~35단 : 32~33단과 같다.
36단 : 모두 안뜨기를 한다.
37단 : 15코 겉뜨기, 다음 2코 왼코겹치기, 1코 걸러뜨기, 오른코늘리기, 15코 겉뜨기를 한다(33코, 6-1-2).
38단 : 모두 안뜨기를 한다.
39단: 첫 코 겉뜨기, 오른코늘리기, 15코 겉뜨기, 1코 걸러뜨기, 16코 겉뜨기를 해서 옆선에 1코를 늘린다(34코).
40단 : 모두 안뜨기를 한다.
41단 : 17코 겉뜨기, 1코 걸러뜨기, 16코 겉뜨기를 한다(34코).
42단 : 모두 안뜨기를 한다.
43단 : 15코 겉뜨기, 다음 2코 왼코겹치기, 1코 걸러뜨기, 오른코늘리기, 16코 겉뜨기를 한다(34코, 6-1-3).
44단 : 모두 안뜨기를 한다.
45단 : 16코 겉뜨기, 1코 걸러뜨기, 17코 겉뜨기를 한다(34코).
46~47단 : 44~45단과 같다.
48단 : 모두 안뜨기를 한다.
49단 : 첫 코 겉뜨기, 오른코늘리기, 13코 겉뜨기, 다음 2코 왼코겹치기, 1코 걸러뜨기, 오른코늘리기, 17코 겉뜨기를 한다(35코, 6-1-4).
50단 : 모두 안뜨기를 한다.
51단 : 16코 겉뜨기, 1코 걸러뜨기, 16코 겉뜨기, 마지막 2코 왼코겹치기를 하며 목선 모양을 내기 시작한다(34코).
52단 : 처음 2코 왼코겹쳐안뜨기를 한 후, 나머지 코는 모두 안뜨기를 한다(33코).
53단 : 16코 겉뜨기, 1코 걸러뜨기, 14코 겉뜨기. 마지막 2코 왼코 겹치기를 한다(32코).
54단 : 모두 안뜨기를 한다.
55단 : 4코를 겉뜨기 해 3코를 막은 다음, 12코 겉뜨기, 1코 걸러뜨기, 13코 겉뜨기, 마지막 2코 왼코겹치기를 하며 목선 줄임 시작 단보다 4단 뒤에 소매둘레선도 모양내기를 시작한다(28코).
56단 : 56단 이후의 짝수 단은 모두 안뜨기를 한다.
57단 : 3코를 겉뜨기 해 2코 막음, 다음 10코 겉뜨기, 1코 걸러뜨기, 12코 겉뜨기, 마지막 2코 왼코겹치기를 한다(25코).
59단 : 처음 2코 오른코겹치기, 7코 겉뜨기, 다음 2코 왼코겹치기, 1코 걸러뜨기, 오른코늘리기, 11코 겉뜨기, 마지막 2코 왼코겹치기를 한다(23코, 10-1-1).
61단 : 처음 2코 오른코겹치기, 7코 겉뜨기, 1코 걸러뜨기, 11코 겉뜨기, 마지막 2코 왼코겹치기를 한다(21코).
63단 : 8코 겉뜨기, 1코 걸러뜨기, 10코 겉뜨기, 마지막 2코 왼코겹치기를 한다(20코).
65단 : 처음 2코 오른코겹치기, 6코 겉뜨기, 1코 걸러뜨기, 9코 겉뜨기, 마지막 2코 왼코겹치기를 한다(18코).
67단 : 7코 겉뜨기, 1코 걸러뜨기, 8코 겉뜨기, 마지막 2코 왼코겹치기를 한다(17코).
69단 : 5코 겉뜨기, 다음 2코 왼코겹치기, 1코 걸러뜨기, 7코 겉뜨기, 마지막 2코 왼코겹치기를 한다(15코, 10-1-2).
71단 : 6코 겉뜨기, 1코 걸러뜨기, 6코 겉뜨기, 마지막 2코 왼코겹치기를 한다(14코).
73단 : 6코 겉뜨기, 1코 걸러뜨기, 7코 겉뜨기를 한다(14코).
75단 : 6코 겉뜨기, 1코 걸러뜨기, 오른코늘리기, 5코 겉뜨기, 마지막 2코 왼코겹치기를 한다(14코).
77단 : 6코 겉뜨기, 1코 걸러뜨기, 7코 겉뜨기를 한다(14코).
79단 : 4코 겉뜨기, 다음 2코 왼코겹치기, 1코 걸러뜨기, 오른코늘리기, 5코 겉뜨기, 마지막 2코 왼코겹치기를 한다(13코, 10-1-3).
81단 : 5코 겉뜨기, 1코 걸러뜨기, 7코 겉뜨기를 한다(13코).
83단 : 5코 겉뜨기, 1코 걸러뜨기, 5코 겉뜨기, 마지막 2코 왼코겹치기를 한다(12코).
84~94단 : 11단은 콧수 변화 없이 무늬뜨기를 한다.
95단(바깥 면) : 12코 겉뜨기를 하며 어깨처짐을 시작한다.
96단 : 마지막 6코 전까지 안뜨기를 하고 뜨개바탕을 뒤집어 되돌아간다.
97단 : 걸기코를 걸고 첫 코를 걸러 뜬 후, 다음 5코 겉뜨기를 한다.
98단(안쪽 면) : 안뜨기로 걸기코 위치를 바꾸어 함께 뜨면서 되돌아 뜬 코들을 깔끔하게 정리한다.

* 오른쪽 앞판은 왼편과 대칭이 되도록 동일하게 만든다. 뒤판은 앞판과 작업 방식이 유사하므로, 앞판을 참고해 만든다. 소매는 작업이 비교적 간단하기 때문에 상세 도안 읽기를 생략한다.

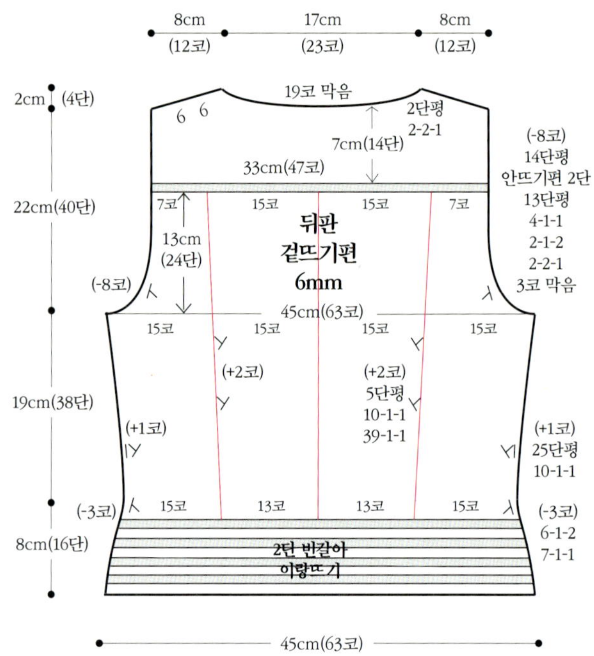

뒤판 1코 세움줄 만들기(분홍색 선)
1코 세움줄을 3개 만든다. 옆선 코를 늘릴 때 1코 세움줄 안쪽과
옆선에서 분산해서 코를 늘려 1코 세움줄이 자연스럽게 벌어지도록 만든다.

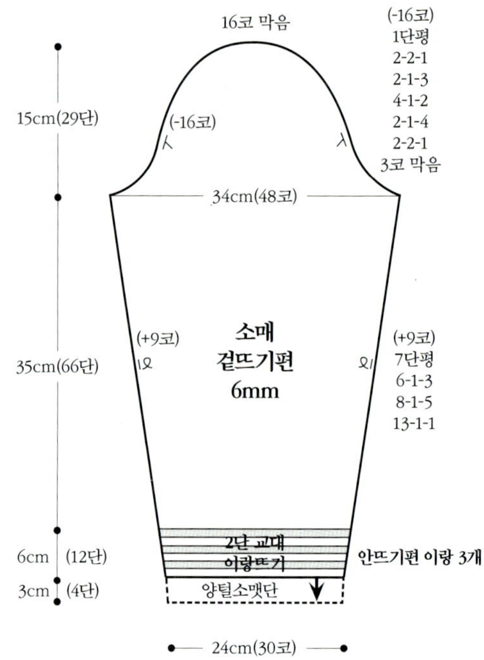

양털 소맷단 만들기(점선)
30코를 주워 4단 안뜨기편으로 뜬 후 코를 막아 소맷단을 만든다.

깃 만들기(이랑뜨기, 20단, 6mm)

1. 라펠을 완성한 다음 분홍색 동그라미로 표시한 라펠의 중간 지점부터 시작해 반대편 라펠 중간 지점까지 깃 코를 줍는다.
2. 몸판 안쪽 면을 바라보고 양쪽 앞판에서 12코씩 뒤판에서 14코를 주워, 총 44코를 만든다.
3. 18단을 겉뜨기로만 뜬 후 겉뜨기로 코를 막는다.

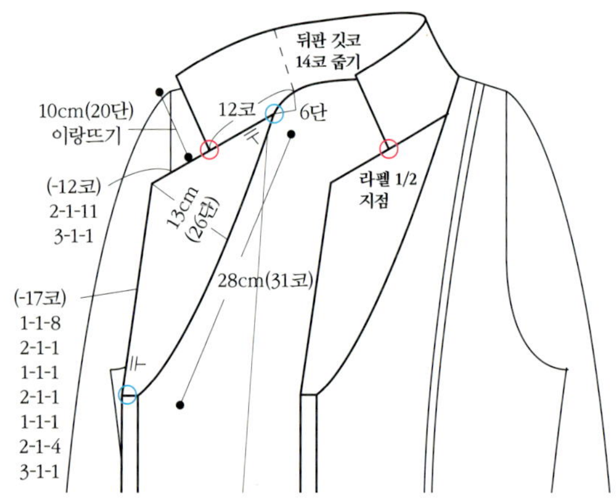

오른쪽 라펠 만들기(이랑뜨기, 26단, 6mm)

1. 오른쪽 앞판 안쪽 면을 바라보고 앞단 꼭대기에서 2코 들어와 코를 줍기 시작한다. 어깨선으로부터 6단 내려온 지점까지(하늘색 동그라미) 대략 2단에서 1코 줍는 비율로 31코를 줍는다.
2. 2단(깃의 안쪽 면, 몸판 바깥 면)은 모두 겉뜨기를 한다(31코).
3. 3단(깃의 바깥 면, 몸판 안쪽 면)은 양쪽 가장자리에서 1코 들어온 지점에서 코를 줄인다(29코).
4. 4단은 모두 겉뜨기를 한다.
5. 5단은 양쪽 가장자리에서 1코 들어온 지점에서 코를 줄인다(27코).
6. 2코가 남을 때까지 그림 설명을 따라 양쪽 면이 각각 다른 모양이 되도록 코를 높인다.
7. 깃의 안쪽 면에서 남은 2코를 막아서 삼각형 모양의 라펠을 만든다.

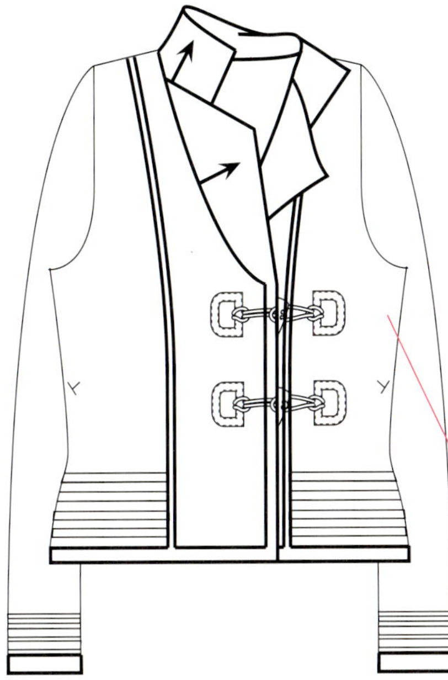

양털실로 마무리하는 부분의 만드는 순서

좌우 앞판과 뒤판, 그리고 소매를 다 이은 다음에 밑단, 앞단, 라펠, 깃, 앞판 1코 세움줄 자수 장식, 막대 단추와 고리 달기 순서로 마무리 작업을 진행한다.

밑단 만들기(안뜨기편, 8단, 6mm)

대략 몸판 6코에서 5코씩 줍는 비율로 오른쪽 앞판 29코, 뒤판 52코, 왼쪽 앞판 29코, 총 110코를 줍는다. 안뜨기로 6단을 뜬 후, 다음 단에서 코줍기단과 한꺼번에 떠주고 코막음하며 2겹으로 접어준다.

앞단 만들기(안뜨기편, 5단, 6mm)

목선 코줄임 시작점부터 양털 밑단 끝까지 대략 몸판 4단에서 3코 줍는 비율로 40코를 줍는다. 안뜨기로 3단을 뜬 후, 다음 단에서 코를 막아 자연스럽게 말리도록 한다.

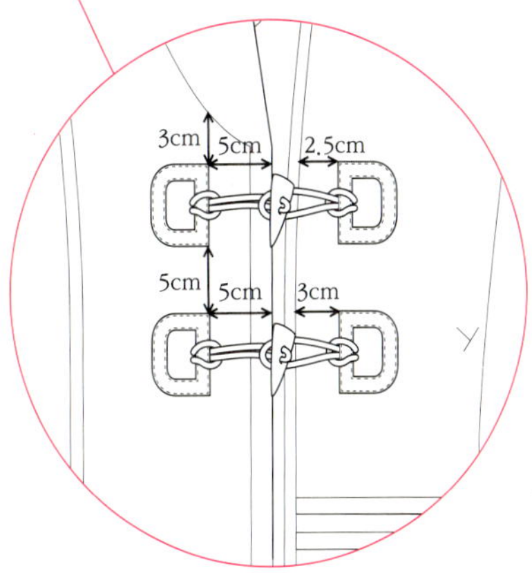

* 라펠(Lapel)은 코트나 재킷의 옷 앞판에 달려서 뒤로 젖혀지는 부분을 말한다.

앞판 1코 세움줄에 양털 파이핑 자수 장식하기

캔디 컬러 집업 후디(p88)의 파이핑 자수 장식과 동일한 사슬뜨기 방법이나, 여기서는 코바늘 대신 돗바늘을 사용했다.

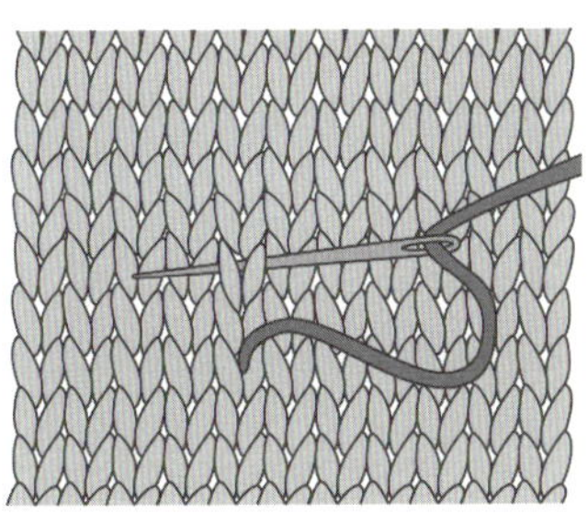

1. 코의 가운데를 가르며 뒤에서 앞쪽으로 바늘을 빼서 V자로 코의 모양대로 따라가며 2겹으로 만든다.

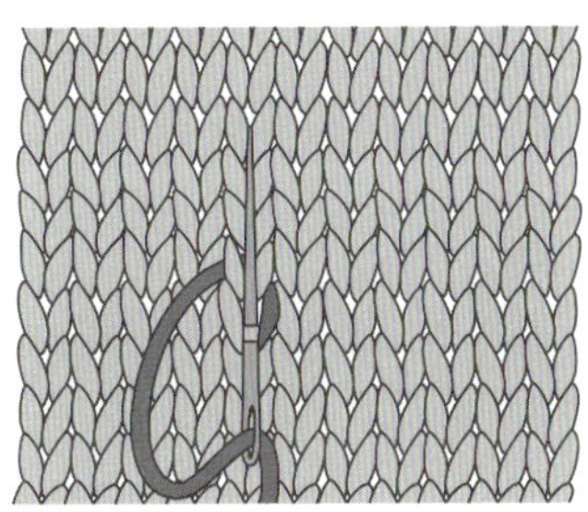

2. 바늘을 빼낸 자리로 되돌아가서 바늘 위로 가로 실을 하나 걸치며 1단 위로 바늘을 뺀다.

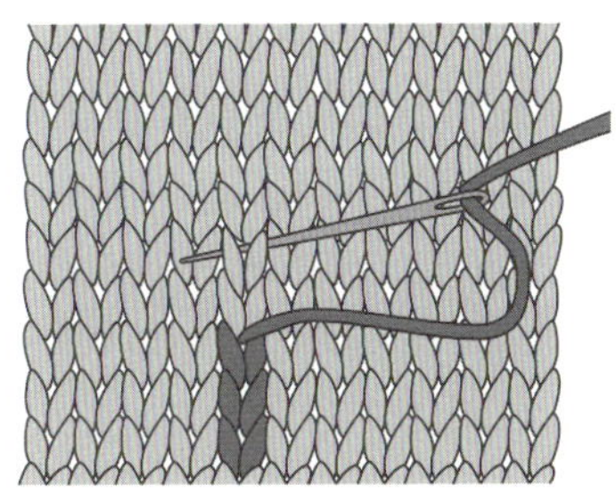

3. 1, 2 과정을 반복해 세로 방향으로 겉뜨기편에 자수를 한다.

작품을 만들기 전에 알아두세요

1. 이 책에서는 일반적으로 통용되고 있는 일본식·영어식 손뜨개 용어가 아니라, 가급적 아래와 같이 우리말로 된 용어로 바꾸어 사용했다.

   뜨개지, 뜨개편 → 뜨개바탕
   무늬편 → 무늬뜨기
   메리야스편 → 겉뜨기편
   안메리야스편 → 안뜨기편
   교차뜨기 → 꽈배기뜨기
   원형뜨기 → 둥글게뜨기
   가터편 → 이랑뜨기
   고무편 → 고무뜨기
   레이스편 → 비침무늬뜨기
   바늘 비우기 → 구멍 만들기
   넥밴드 → 목둘레단
   네크라인 → 목선
   진동둘레단 → 팔둘레단
   암홀 → 팔구멍
   프론트 밴드 → 앞단
   칼라 → 깃
   사선 주머니 → 어슷 주머니
   시접코 → 솔기코
   팬시 얀 → 장식실
   노블티 얀 → 특수 장식실
   루프 얀 → 고리 장식실
   눕얀 → 매듭 장식실
   라메얀 → 금속 장식실

2. 다른 작품에도 사용되는 기법들은 기법에 대한 상세 설명이 나온 페이지 숫자를 표기하였으니 참조한다.

실 라벨을 읽으면, 손뜨개가 보인다!

대부분의 손뜨개 실은 종이 라벨로 포장이 되어 있다. 라벨에는 실 성분, 특수 가공법(방충가공, 방축가공, 머서라이징 등), 세탁 방법, 포장 단위, 원산지, 제조회사, 실의 이름, 색상 번호와 염색 번호 등 손뜨개를 할 때 필요한 중요한 정보들이 많이 들어 있어 라벨을 잘 읽어두면 큰 도움이 된다. 특히 표준 게이지와 바늘 크기, 실의 대략적인 길이, 스웨터를 뜨는 데 소요되는 양 등의 정보는 잘 알아두어야 한다.

게이지

가로 세로 각 10cm 면적 안에 들어가는 코와 단의 수를 뜻한다. 영어로 M, 또는 S, sts 등으로 표시된 것은 콧수를 의미하고 R, row 등은 단수를 뜻한다. 예시한 제품의 게이지는 사방 10cm 면적의 뜨개바탕을 만드는데 필요한 코와 단의 숫자가 21코로 30단이라는 뜻이다. 작품을 시작하기 전에 뜨고자 하는 실과 바늘을 이용해 선택한 무늬로 가로 세로 각 15cm 정도 크기로 시범 뜨기를 한 후, 세탁해 방바닥에 뉘어 말린 다음, 가로 세로 각 10cm 면적 안에 들어가는 코와 단의 수를 알아내는 작업을 '게이지 내기'라고 한다. 뜨는 사람의 손놀림에 따라 동일한 코와 단수라도 그 크기와 모양이 전혀 달라지므로 본격적으로 작품을 뜨기 전에 먼저 게이지를 내보는 것이 필요하다.

바늘 크기

예시한 제품의 경우 사용하기 적당한 바늘 크기가 4mm라는 뜻이다. 하지만 개개인의 손놀림의 차이에 따라 0.5~1mm 정도 차이가 나도 괜찮다. 촘촘하게 뜨는 사람이라면, 권장 바늘 크기보다 0.5~1mm 정도 더 굵은 바늘을 이용하면 한층 부드럽게 뜰 수 있고, 손놀림이 느슨한 사람은 좀 더 가는 바늘을 선택하는 것이 좋다.

실의 중량과 길이

1타래를 50g 단위로 포장했고,
대략 180m 길이의 실이 감겨 있다는 뜻이다.

실의 소재

실의 소재를 설명한 부분으로 예시한 제품의 경우 양모 70%와 나일론 30% 혼방으로 만들어졌다.

색상 번호

제조업체에서 지정한 그 제품의 색상을 인식하는 번호 표식이다. 제품을 추가로 구입할 때, 색상 번호와 함께 반드시 염색 번호도 동일한 것으로 추가 구입해야 색상의 변화 없이 균일하게 작업을 마칠 수 있다.

염색 로트 번호

동일한 색상 번호라도 염색 로트 번호가 다르면, 색상이 많이 다를 수 있다. 그래서 한 가지 작품을 뜨기 위한 실을 준비할 때는 한꺼번에 필요한 양만큼 미리 사두는 것이 좋다.

세탁 및 손질 방법 설명

1. 미지근한 온도로 손빨래, 물세탁 가능.
2. 드라이 세탁 가능.
3. 염색 표백제 사용 금지.

세탁 및 손질 방법 설명

1. 2번 중간 온도로 아래에 천을 덮고 다림질.
2. 약하게 비틀어서 물기 제거.
3. 반드시 그늘에 뉘어서 건조.

실 소요량

그림과 같은 디자인의 스웨터를 뜨는데
소요되는 실의 양을 가늠할 수 있는 기호이다.
즉, 사이즈 40인 긴팔 풀오버를 뜨는데
약 400g 정도의 실이 필요하다는 뜻이다.

상세 도안 읽기 - 뒤판

도안 읽을 때 주의할 점

1. 뜨는 사람에 따라 게이지가 달라지므로 손뜨개 도안을 읽을 때는 개인차가 발생할 수 있는 단수보다 cm로 명시된 치수를 먼저 고려하는 것이 현명한 방법이다. 12단을 떴는데 고무뜨기 밑단 길이가 3.5cm에 도달하지 못했을 경우, 그 길이가 충분히 확보될 때까지 1~2단 정도 더 뜨면 된다. 또한 뜨개바늘 크기 역시 제시한 바늘보다 0.5~1mm 정도 차이가 나는 다양한 바늘로 시험뜨기를 해본 다음, 제시한 게이지에 가장 근접한 바늘로 신중하게 선택한다.
2. 단수를 셀 때는 코를 만든 단과 코를 막은 단도 포함한다. 특히, 특별한 설명을 덧붙이지 않은 경우라면 항상 코를 만든 단을 1단으로, 홀수 단을 바깥 면으로 여긴다. 즉, 코를 만든 다음 실제로 처음 뜨기 시작하는 단이 2번째 단이 되는 것이므로, 무늬뜨기가 안쪽 면에 해당되도록 뜬다.
3. 모양을 세우고 코줄임이나 코늘림하라는 기호가 명시되지 않는 경우에는 모양을 세우지 않고 가장자리 솔기코에서 코늘림과 코줄임을 한다. 또한 솔기코는 몸판 무늬뜨기와 상관없이 항상 겉뜨기편으로 뜬다.

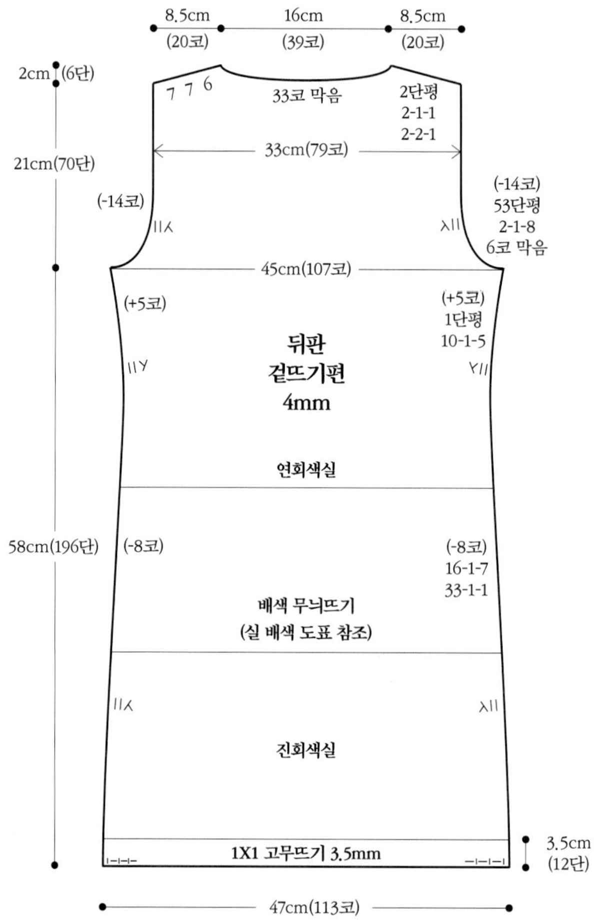

뒤판 도안 읽기

RS(Right Side) : 뜨개판 바깥 면

WS(Wrong Side) : 뜨개판 안쪽 면

1단(RS) : 진회색 실과 3.5mm 대바늘을 이용해 113코를 만든다.

2단(WS) : 나중에 왼쪽 앞판과 이을 첫 번째 코(솔기코)를 안뜨기로 시작해 1코씩 안뜨기와 겉뜨기를 번갈아 계속 1X1 고무뜨기를 한다.

3단(RS) : 첫 번째 코(솔기코)를 겉뜨기로 시작해 1X1 고무뜨기를 한다.

4~12단 : 2단과 3단을 번갈아 9단 더 반복해 1X1 고무뜨기로 이루어진 3.5cm 길이의 밑단을 완성한다.

13단(RS) : 바늘을 4mm로 바꿔 모든 코를 겉뜨기로 하며 무늬뜨기를 겉뜨기편으로 바꾼다.

14단(WS) : 모든 코를 안뜨기로 뜬다.

15~32단 : 13, 14단을 번갈아 계속 떠나가며 몸판을 겉뜨기편으로 만든다.

33단(RS) : 양쪽 가장자리에서 대칭되는 모양으로 2코를 줄이며, 옆선 모양을 내기 시작한다(111코, 33-1-1). 즉, 2코·겉뜨기를 한 다음 3번째와 4번째 코를 오른코겹치기로 떠 1코를 줄이고, 왼쪽 바늘에 4코 남을 때까지 겉뜨기를 한다. 반대편 가장자리에서 3번째와 4번째에 위치한 코들을 한꺼번에 떠서(왼코겹치기) 1코를 줄인 다음, 마지막 2코를 겉뜨기 해 33단-1코-1번에 해당하는 옆선 코줄임 작업을 마친다. 그리고 마지막 2코를 겉뜨기한다.

34~48단 : 겉뜨기편으로 15단을 뜬다.

49단(RS) : 옆선 코줄임 시작 단으로부터 16번째 단인 49단에서 동일한 방식으로 양 가장자리에서 대칭되는 모양으로 코를 줄인다(109코, 16-1-1).

50~60단 : 겉뜨기편으로 11단을 뜬다.

61단(RS) : 배색 도표에 명시한 대로 실을 바꾸어 배색 무늬뜨기를 시작한다.
62~64단 : 배색 도표 순서에 따라 3단 배색 무늬뜨기를 한다.
65단(RS) : 동일한 방식으로 옆선 양 가장자리에서 코를 줄여준다(107코, 16-1-2).
66~80단 : 배색 도표 순서대로 15단 배색 무늬뜨기를 한다.
81단(RS) : 옆선 양쪽 가장자리에서 코를 줄여준다 (105코, 16-1-3).
82~96단 : 배색 도표 순서대로 15단 배색 무늬뜨기를 한다.
97단(RS) : 양 가장자리에서 코를 줄여준다(103코, 16-1-4).
98~106단 : 배색 도표 순서대로 9단 배색 무늬뜨기를 한다.
107단(RS) : 연회색실로 바꾸어 겉뜨기편으로 뜬다.
108~112단 : 겉뜨기편으로 5단을 더 뜬다.
113단(RS) : 양 가장자리에서 코를 줄여준다(101코, 16-1-5).
114~128단 : 겉뜨기편으로 15단을 뜬다.
129~144단 : 113~128단 과정을 1번 더 반복해 양 가장자리에서 각각 1코씩 더 줄인다(99코, 16-1-6).
145단(RS) : 양 가장자리에서 옆선 마지막 코줄임을 한다(97코, 16-1-7).
146~154단 : 겉뜨기편으로 9단을 뜬다.
155단(RS) : 2코 겉뜨기 후 오른코늘리기로 오른편에서 1코 늘리고, 왼쪽 바늘에 2코 남을 때까지 겉뜨기를 한 다음, 왼코늘리기로 왼편에도 1코 늘리고, 마지막 2코를 겉뜨기하며 옆선에서 코를 늘리기 시작한다(99코, 10-1-1).
156~164단 : 겉뜨기편으로 9단을 뜬다.
165단(RS) : 155단과 동일한 방식으로 옆선에서 코를 늘려준다 (101코, 10-1-2).
166~195단 : 156~165단까지 10단 과정을 3번 더 반복해 양쪽 옆선에서 각각 3코씩 코를 늘려준다(107코, 10-1-3 ~ 10-1-5).
196단(WS) : 콧수 변화 없이 107코 그대로 모두 안뜨기를 한다(1단평).
197단(RS) : 처음 6코를 겉뜨기로 뜨면서 코막음을 하고 나머지 코는 겉뜨기로 뜨며 팔둘레 모양내기를 시작한다(101코).
198단(WS) : 처음 6코를 안뜨기로 하면서 코를 막고 나머지 코는 안뜨기를 한다(95코).
199단(RS) : 2코 겉뜨기를 한 다음 3번째와 4번째 코를 오른코겹치기 방식으로 1코 줄이고, 왼쪽 바늘에 4코 남을 때까지 겉뜨기를 한다. 반대편 가장자리에서 3번째와 4번째 코를 왼코겹치기로 1코 줄인 후, 마지막 2코는 겉뜨기를 한다 (93코, 2-1-1).
200단(WS) : 모두 안뜨기를 한다.
201~212단 : 199단과 200단을 번갈아 6번 더 반복한다 (81코, 2-1-2~2-1-7).
213단(RS) : 양 가장자리에서 팔둘레의 마지막 코줄임을 한다(79코, 2-1-8).
214~266단 : 콧수 변화 없이 79코 그대로 팔둘레 길이가 21cm가 될 때까지 53단 겉뜨기편으로 뜬다(53단평).
267단(RS) : 걸기코를 만들며 되돌아뜨는 기법으로 어깨처짐과 뒤 목선 모양내기를 시작한다. 오른쪽 어깨코에 해당하는 20코와 뒤 목선 곡선 줄임 콧수인 3코를 더한 23코까지 겉뜨기하고 왼쪽 바늘에 남겨진 코들은 쉼코로 둔다.
268단(WS) : 첫 코를 걸러 뜨면서 2코를 막고 왼쪽 바늘에 7코가 남을 때까지 14코를 안뜨기로 뜬 후 뜨개판을 바깥 면으로 뒤집는다(2-2-1).
269단(RS) : 바늘에 걸기코를 만들고 되돌아가며, 첫 코는 걸러 뜨고 나머지 13코는 겉뜨기로 한다.
270단(WS) : 첫 코를 걸러 뜨면서 1코 막고, 모두 6코를 안뜨기한 후 다시 뜨개판을 바깥 면으로 뒤집는다(2-1-1).
271단(RS) : 바늘에 걸기코를 만들고 되돌아가며, 첫 코는 걸러 뜨고 나머지 5코는 겉뜨기로 한다.
272단(WS) : 되돌아 뜬 지점의 걸러 뜬 코까지 안뜨기를 하고, 그 다음 코인 걸기코는 뜨개판 앞쪽으로 빼서 그 다음 코와 순서를 바꿔 한꺼번에 안뜨기하는 방식으로 6단에 걸쳐 오른쪽 어깨처짐을 완성한다. 어깨코 20코는 뒤판과 코바늘로 이을 수 있도록 쉼코로 두고 어깨 폭의 3배 정도로 어깨를 이을 여유분을 두고 실을 자른다. 다시 왼쪽 어깨 쉼코로 대기 중인 267단으로 되돌아간다.
267단(RS) : 쉼코로 두었던 뒷목코와 왼쪽 어깨코를 바늘로 옮겨 오른쪽 어깨와 대칭이 되도록 왼쪽 어깨처짐을 시작한다. 뜨개판의 바깥 면을 마주보고 새 실을 이어서 뒷목 중심 33코를 모두 막아준 다음, 나머지 23코는 마지막까지 겉뜨기로 한다.
268단(WS) : 23코를 모두 안뜨기로 한다.
269단(RS) : 첫 코를 걸러 뜨면서 처음 2코를 막아주고 (뒤 목선 부분) 왼쪽 바늘에 7코가 남을 때까지 14코를 겉뜨기 한 후에 뜨개판을 안쪽 면으로 뒤집는다(2-2-1). 이와 같이 왼쪽 어깨처짐은 항상 오른쪽 어깨처짐보다 한단 높은 위치에서 시작하게 된다.
270단(WS) : 바늘에 걸기코를 만들고 되돌아가며, 첫 코는 걸러 뜨고 나머지 13코는 안뜨기를 한다.
271단(RS) : 첫 코는 걸러 뜨고, 다음 코를 겉뜨기해 덮어씌워 1코를 막고, 나머지 6코는 겉뜨기를 한 후, 다시 뜨개판을 안쪽 면으로 뒤집는다(2-1-1).
272단(WS) : 바늘에 걸기코를 만들고 되돌아가며, 첫 코는 걸러 뜨고 나머지 5코는 안뜨기를 한다.
273단(RS) : 되돌아 뜬 지점의 걸러 뜬 코까지 겉뜨기로 뜨고, 걸기코와 그 다음 코를 한꺼번에 겉뜨기하는 방식으로 6단에 걸쳐 오른쪽 어깨처짐을 완성한다. 어깨코 20코는 뒤판과 코바늘로 이을 수 있도록 쉼코로 두고 어깨선을 이을 정도의 여유분(어깨 폭의 3배 정도)을 두고 실을 자른다.

상세 도안 읽기 - 오른쪽 앞판

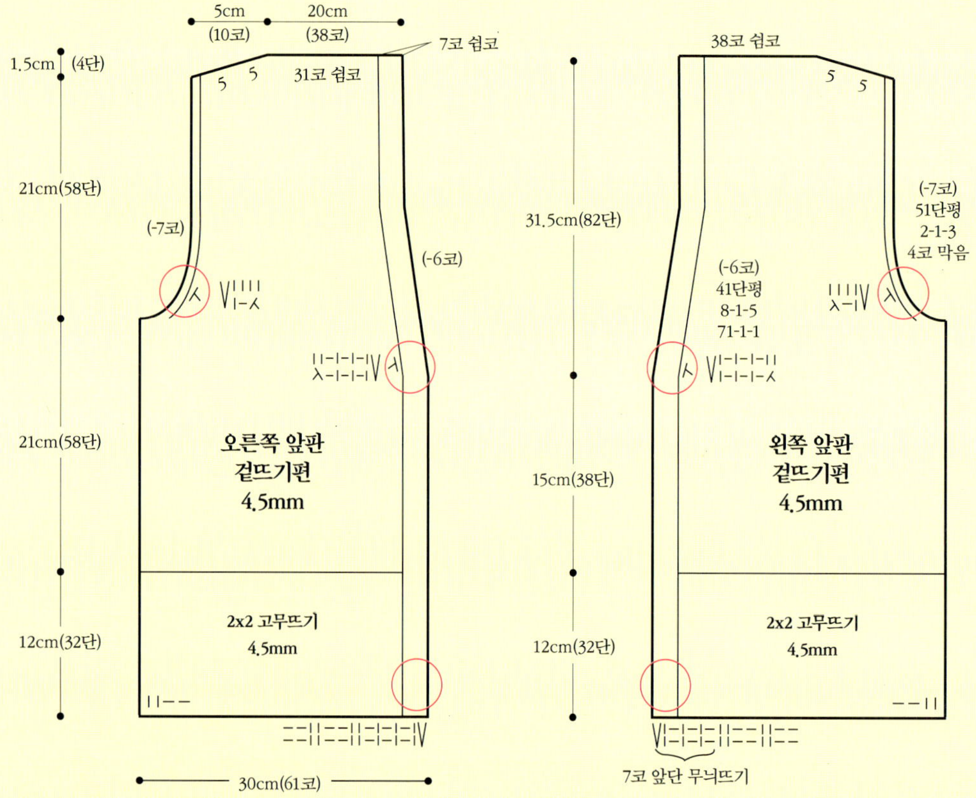

도안 읽을 때 주의할 점

1. 단추 여밈 디자인의 경우에는 단추를 다는 조각부터(여성복의 경우 왼쪽 앞판) 먼저 만든 후 단춧구멍을 만드는 조각(여성복의 경우 오른쪽 앞판)을 나중에 만드는 것이 단춧구멍 위치 잡기가 훨씬 편하다.
2. 앞판 2조각은 반드시 좌우 대칭이 되도록 만든다.
3. 작품의 완성도를 높이기 위해 뜨개질을 마친 후에 돗바늘로 잇거나 코줍기 등 추가적인 마무리 작업을 진행할 부분은 반드시 첫 코를 떠주고, 이 작품의 앞단이나 팔둘레선처럼 그 자체로 마무리되는 가장자리들은 첫 코를 걸러 떠준다.

1단(RS) : 4.5mm 대바늘을 이용해 61코를 만든다.
2단(WS) : 나중에 뒤판과 이을 첫 번째 코(솔기코)를 안뜨기로 시작하면서 2코씩 안뜨기와 겉뜨기를 번갈아 반복해 왼쪽 바늘에 7코가 남을 때까지 2X2 고무뜨기를 계속한다. 다음 코를 겉뜨기로 시작해 안뜨기코와 1코씩 번갈아 3번 반복한 후, 마지막 코를 안뜨기로 마무리하며 앞단 7코만 1X1 고무뜨기로 한다.
3단(RS) : 첫 번째 코(앞단 가장자리)는 겉뜨기하듯 뜨지 않고 바늘 위치만 옮기며 걸러 뜬 후, 나머지 코는 2단에서 만들어 둔 7코 앞단 무늬대로 뜬다. 즉, 2번째 코를 겉뜨기로 시작해 다음 6코를 1X1 고무뜨기로 떠서 앞단을 만들고, 나머지 54코(몸판 부분)는 2코 겉뜨기부터 시작해 마지막 2코 역시 겉뜨기 2코로 마무리하며 2X2 고무뜨기를 한다.
4~32단 : 2단과 3단을 번갈아 반복하면서 29단을 더 만들어 7코 앞단 무늬뜨기와 54코 2X2 고무뜨기로 이루어진 12cm 길이의 밑단을 완성한다.
33단(RS) : 앞단 7코는 밑단과 동일한 방식으로 계속 무늬뜨기를 하고, 나머지 54코(몸판 부분)는 겉뜨기편으로 무늬를 바꿔 뜬다.
34~70단 : 몸판 54코는 겉뜨기편으로, 앞단 7코는 무늬대로 뜬다(61코).
71단(RS) : 앞단 7코를 뜬 후 8번째 코를 겉뜨기하듯 걸러 뜨고 9번째 코를 겉뜨기한 후 덮어씌우는 오른코 겹치기로 71단-1코-1번에 해당하는 1코 줄임을 해 60코를 만들며 앞목선 모양을 내기 시작한다(60코, 71-1-1).
72~78단 : 콧수 변화 없이 60코 그대로 7단을 뜬다.
79단(RS) : 코를 줄이기 시작한 71단부터 8번째 단이 되는 79단에서 동일한 방식으로 앞목선에서 1코를 줄인다 (59코, 8-1-1).
80~86단 : 콧수 변화 없이 59코 그대로 7단을 뜬다.
87단(RS) : 동일한 방식으로 앞목선에서 1코를 줄인다 (58코, 8-1-2).
88~91단 : 콧수 변화 없이 무늬대로 7단을 뜬다.
92단(WS) : 처음 4코를 안뜨기로 뜨면서 막아주고 나머지 코는 무늬대로 뜨면서 팔둘레 코줄임을 시작한다(54코, 4코 막음).
93단(RS) : 무늬대로 뜨다가 왼쪽 바늘에 5코가 남았을 때, 가장자리로부터 4, 5번째 코를 한꺼번에 겉뜨기하는 왼코겹치기로 1코 줄여주고, 팔둘레가 덜 말리도록 가장자리로부터 3번째 코는 안뜨기로, 마지막 2코는 겉뜨기로 한다(53코, 2-1-1).
94단(WS) : 첫 코(팔둘레 가장자리)를 안뜨기하듯 걸러 뜨고, 몸판 코는 모두 안뜨기로, 앞단 7코는 무늬대로 뜬다.
95단(RS) : 동일한 방식으로 앞목선과 팔둘레에서 각각 1코씩 동시에 줄여준다(51코, 8-1-3, 2-1-2).
96단(WS) : 첫 코는 걸러 뜨면서 몸판 코는 모두 안뜨기로, 앞단 7코는 무늬대로 뜬다.
97단(RS) : 동일한 방식으로 팔둘레에서 1코를 줄인다 (50코, 2-1-3).
98단(WS) : 첫 코 걸러 뜨면서 몸판 코는 모두 안뜨기로, 앞단 7코는 무늬대로 뜬다.
99단(RS) : 팔둘레는 가장자리에서 3번째 코만 지속적으로 안뜨기를 하고 어깨처짐을 시작할 때까지 코줄임 없이 그대로 뜬다.
100~102단 : 콧수 변화 없이 50코를 무늬대로 뜬다.
103단(RS) : 동일한 방식으로 앞목선에서 1코 더 줄인다 (49코, 8-1-4).
104~110단 : 콧수 변화 없이 49코를 무늬대로 뜬다.
111단(RS) : 동일한 방식으로 앞목선에서 마지막 코줄임을 한다(48코, 8-1-5).
112~148단 : 콧수 변화 없이 48코 그대로 팔둘레 길이가 21cm 될 때까지 무늬뜨기를 계속한다.
149단(RS) : 팔둘레 5코 전까지 무늬대로 뜬 다음, 걸기코를 만들고 되돌아가면서 어깨처짐을 시작한다.
150단(WS) : 첫 코는 걸러 뜨고 마지막 코까지 모두 43코를 안뜨기한다.
151단(RS) : 되돌아 뜬 지점에서 걸러 뜬 코는 겉뜨기로 하고, 걸기코와 그 다음코를 한꺼번에 겉뜨기하면서 3단에 걸친 어깨처짐을 완성한다. 목선 38코는 나중에 깃 작업을 할 때 사용하기 위해 다른 바늘로 옮겨 쉼코로 두고, 어깨 부분 10코 역시 나중에 뒤판과 함께 코바늘로 이을 수 있도록 쉼코로 둔다.

상세 도안 읽기 - 소매

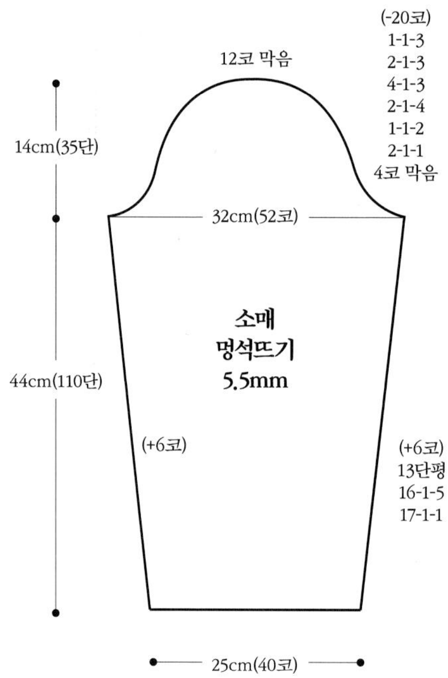

1단(RS) : 알파카실과 5.5mm 대바늘을 이용해 손목 둘레에 해당하는 40코를 만든다.

2단(WS) : 나중에 반대편 코와 이을 첫 코(솔기코)는 안뜨기를 하고, 2번째 코는 겉뜨기로, 다음 코는 안뜨기로 1코씩 번갈아 반복해 멍석뜨기를 한다. 이때, 마지막 2코는 안뜨기를 한다.

3단(RS) : 첫 코(솔기코)는 겉뜨기를 하고, 이어서 2번째 코는 안뜨기, 다음 코는 겉뜨기로 1코씩 바꿔가며 멍석뜨기를 한다. 이때, 마지막 2코는 겉뜨기로 마무리한다. 모든 작품에서 솔기코는 항상 겉뜨기편이 되도록 뜬다.

4~16단 : 2단과 3단을 교대로 반복하며 13단 더 뜬다.

17단(RS) : 코를 늘리기 시작하는 단으로 양 가장자리 끝에서 각각 1코씩 감아뜨기로 늘려주며 소매통을 넓히기 시작한다(42코, 17-1-1).

18단(WS) : 첫 코(솔기코)는 안뜨기를 하고, 2번째 코부터 안뜨기로 시작하면서 멍석뜨기를 한다.

19단(RS) : 첫 코(솔기코)는 겉뜨기를 하고, 2번째 코부터 겉뜨기로 시작하면서 멍석뜨기를 한다.

20~32단 : 18, 19단을 번갈아 반복한다.

33단(RS) : 코를 늘리기 시작한 17단부터 16번째 단이 되는 33단에서 동일한 방식으로 양 가장자리에서 1코씩 2코를 늘린다(44코, 16-1-1).

34~97단 : 위와 같은 방법으로 16단마다 1코씩 늘리는 과정을 4번 더 반복해 모두 8코를 더 늘린다(52코, 16-1-2 ~ 16-1-5).

98단~110단 : 소매 길이가 44cm가 되도록 콧수 변화 없이 52코 그대로 13단 동안 멍석뜨기를 한다(13단평). 이 때 뜨는 사람의 손놀림에 따라 단수를 조절해 길이 44cm를 충분히 확보한다.

111단(RS) : 소매산 코를 줄이기 시작하는 단으로 처음 4코를 겉뜨기로 하면서 막아주고 나머지 코들은 멍석뜨기를 한다(48코, 4코 막음).

112단(WS) : 처음 4코를 안뜨기로 하면서 막아주고 나머지 코들은 멍석뜨기를 한다(44코, 4코 막음).

113단(RS) : 처음 2코는 오른코겹치기로 1코를 줄여주고,

왼쪽 바늘에 2코 남을 때까지 멍석뜨기를 한다. 반대편 가장자리 2코는 왼코겹치기로 1코를 줄인다(42코, 2-1-1).

114단(WS) : 처음 2코를 한꺼번에 안뜨기해 왼코겹쳐안뜨기 방식으로 1코를 줄여준 다음, 왼쪽 바늘에 2코가 남을 때까지 멍석뜨기를 계속한다. 반대편 가장자리 2코는 오른코겹치기로 1코를 줄인다(40코, 1-1-1).

115단(RS) : 양 가장자리에서 113단과 동일한 방식으로 코를 줄인다(38코, 1-1-2).

116단(WS) : 솔기코는 겉뜨기로, 나머지 코는 멍석뜨기로 뜬다.

117단(RS) : 양 가장자리에서 113단과 동일한 방식으로 코를 줄인다(36코, 2-1-1).

118~123단 : 116단과 117단을 번갈아 3번 더 반복한다(30코, 2-1-2 ~ 2-1-4).

124~126단 : 콧수 변화 없이 30코 그대로 3단 멍석뜨기를 한다.

127단(RS) : 양 가장자리에서 113단과 동일한 방식으로 코를 줄인다(28코, 4-1-1).

128~135단 : 124~127단 4단을 2번 더 반복해 소매산의 코를 줄인다(24코, 4-1-2 ~ 4-1-3).

136단(WS) : 솔기코는 안뜨기로 하고, 나머지 코는 무늬편을 따라 멍석뜨기로 뜬다.

137단(RS) : 양 가장자리에서 113단과 동일한 방식으로 코를 줄인다(22코, 2-1-1).

138-141단 : 136단과 137단을 번갈아 2번 더 반복해 4코 더 줄인다(18코, 2-1-2 ~ 2-1-3).

142단(WS) : 양 가장자리에서 114단과 동일한 방식으로 겹쳐 안뜨기를 해 코를 줄인다(16코, 1-1-1).

143단(RS) : 양 가장자리에서 113단과 동일한 방식으로 코를 줄인다(14코, 1-1-2).

144단(WS) : 양 가장자리에서 114단과 동일한 겹쳐 안뜨기 방식으로 코를 줄인다(12코, 1-1-3).

145단(RS) : 남은 12코를 겉뜨기로 뜨면서 모두 막아주어 총 길이 55cm의 소매 조각을 완성한다.

丹珠 danju

단주(丹珠)를 소개합니다

'붉은 구슬'이라는 의미의 단주는 2004년 12월 삼청동 작은 골목에 문을 연 패션 & 크래프트 아트 스튜디오입니다. 마음을 풍요롭게 해주는 행복한 손뜨개, 나만의 스타일을 돋보이게 하는 디자인 손뜨개를 지향하는 단주는 이곳을 방문하는 사람들에게 숨가쁘게 돌아가는 일상을 한 템포 늦춰주는 따뜻하고 여유로운 공간으로 사랑받고 있습니다. 세상에 하나밖에 없는 손뜨개 작품을 만드는데 필요한 좋은 실과 도구, 다양한 핸드메이드 제품을 판매하고 있으며, 단주의 독특한 손뜨개 제품을 손수 만들 수 있는 DIY 강좌도 회원제로 운영하고 있습니다.

문의 서울시 종로구 삼청로 65-4, 02-720-1127 www.danju.co.kr

Special Thanks to …
책을 기획하던 첫날부터 지금까지 함께 고민하고 부지런히 손을 놀려준 박주순, 김성인, 강유리, 고명인, 신혜정 모람님, 자신이 만든 작품을 흔쾌히 협찬해주신 이인효, 이희순, 장윤희 모람님, 그리고 암호 같은 숫자가 가득 적힌 난해한 작업지시서를 해독하며 컴퓨터 파일로 정리해준 단주지기 혜인, 끝도 없는 작품 마무리에 매달렸던 이미화 실장과 소희, 스타일리스트이자 메인 모델로 1인 2역을 담당하느라 촬영 기간 내내 숨 돌릴 틈이 없었던 주리, 조만간 엄청 유명해질 연기자 데뷔 1년차 연주, 우리 모두에게 사랑스럽고 앙증맞은 웃음을 선사한 나현 공주, 웬만한 사람보다 훨씬 더 포토제닉한 표정으로 우리를 웃게 만든 화이트테리어 비쥬양, 단주의 작품을 더욱 빛나게 만들어주신 모든 분들께 고마운 마음을 전합니다.

도움을 주신 분들

스타일링	김주리, 이미화
모델	김주리, 정연주, 김나현
메이크업	이종숙(010-9769-8811)
일러스트	김혜인
의상 협찬	FUGA eff. BY LIQUID(디자이너 유은정, 02-2233-5560)
장소 협찬	tour de table(www.ttoma.com, 02-792-5758)
	워터 스트리트(www.waterstreet.co.kr, 02-514-0765)

design DIY 02

고마워, 손뜨개
처음 만나는 디자인 니트, 스웨터 & 카디건

이해옥 지음

1판1쇄 펴낸날 2011년 12월 3일
1판2쇄 펴낸날 2012년 10월 15일

펴낸이 이영혜
펴낸곳 디자인하우스
서울시중구 장충동2가 162-1 태광빌딩
우편번호 100-855 중앙우체국 사서함 2532
대표전화 (02) 2275-6151
영업부직통 (02) 2263-6900
팩시밀리 (02) 2275-7884, 7885
홈페이지 www.design.co.kr
등록 1977년 8월 19일, 제2-208호

편집장 김은주
편집팀 장다운, 공혜진
디자인팀 김희정, 김지혜
사진 장진영(artjang00@naver.com), 어시스트 박준한
마케팅팀 도경의
영업부 김용균, 오혜란, 고은영
제작부 이성훈, 민나영
출력인쇄 신흥 P&P

ISBN 978-89-7041-575-8

가격 20,000원

이 도서의 국립중앙도서관 출판시도서목록(CIP)은 eCIP홈페이지(http://www.nl.go.kr/ecip)와
국가자료공동목록시스템(http://www.nl.go.kr/kolisnet)에서 이용하실 수 있습니다(CIP제어번호: CIP2011005049).